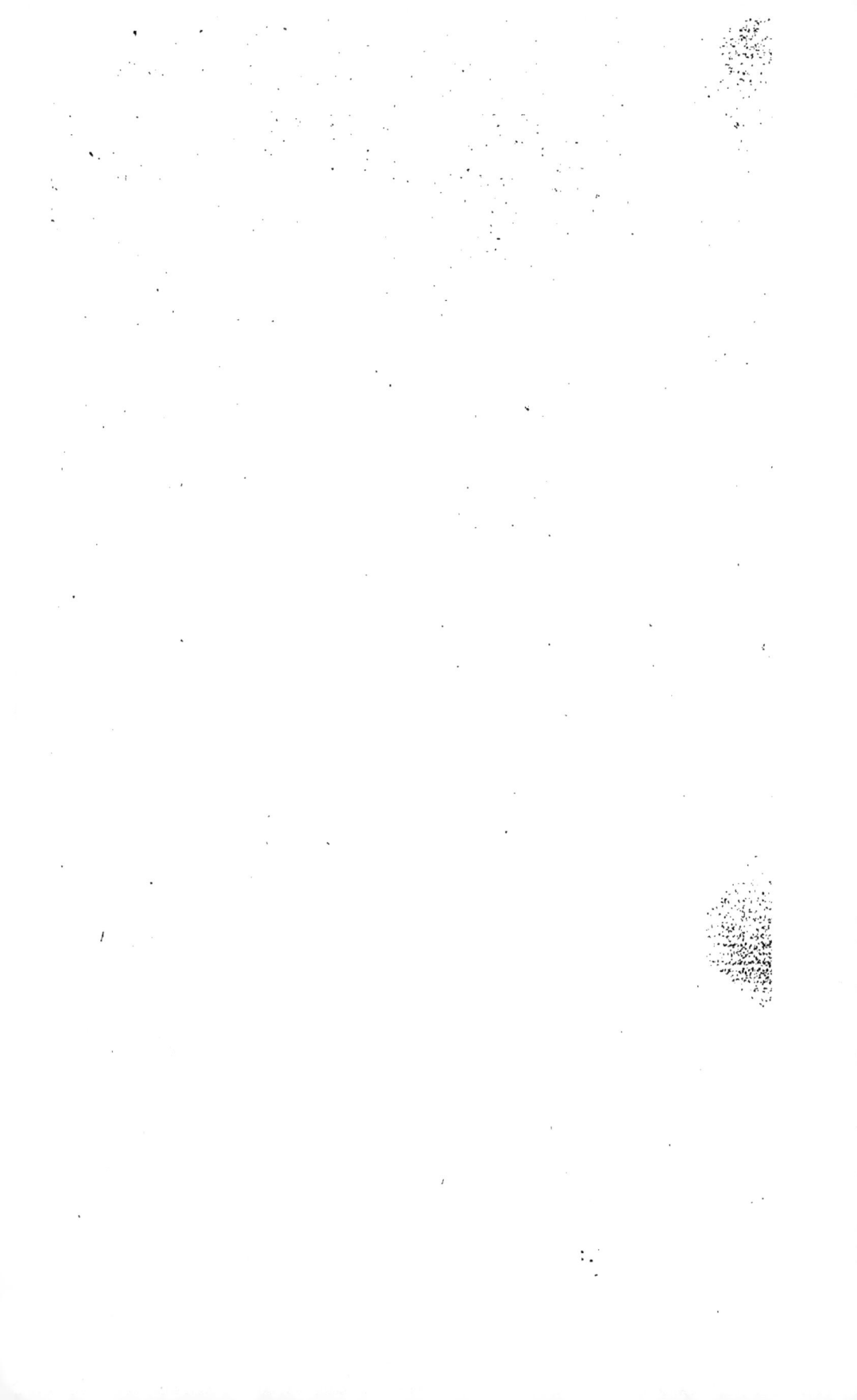

RECUEIL

DES

DÉPÊCHES TÉLÉGRAPHIQUES.

JOURNAL

Paris. — Imprimerie de G.-A. Dentu,
rue d'Erfurtb, nᵒ 1 bis.

RECUEIL

DES

dépêches télégraphiques

ET D'UN GRAND NOMBRE
D'ARTICLES OFFICIELS, SEMI-OFFICIELS ET AUTRES
PUPLIÉS PAR LES JOURNAUX MINISTÉRIELS
DEPUIS LA RENTRÉE DE DON CARLOS EN ESPAGNE.

JUILLET 1834.

« Ce serait véritablement un curieux travail à faire
« que le relevé général des dépêches télégraphiques
« publiées par le journal ministériel depuis le com-
« mencement de la guerre. »
(*Quotidienne* du 25 septembre 1834.)

PARIS.

CHEZ G.-A. DENTU, IMPRIMEUR-LIBRAIRE,
rue d'Erfurth, no 1 *bis*;
ET PALAIS-ROYAL, GALERIE VITRÉE, Nº 13

1835.

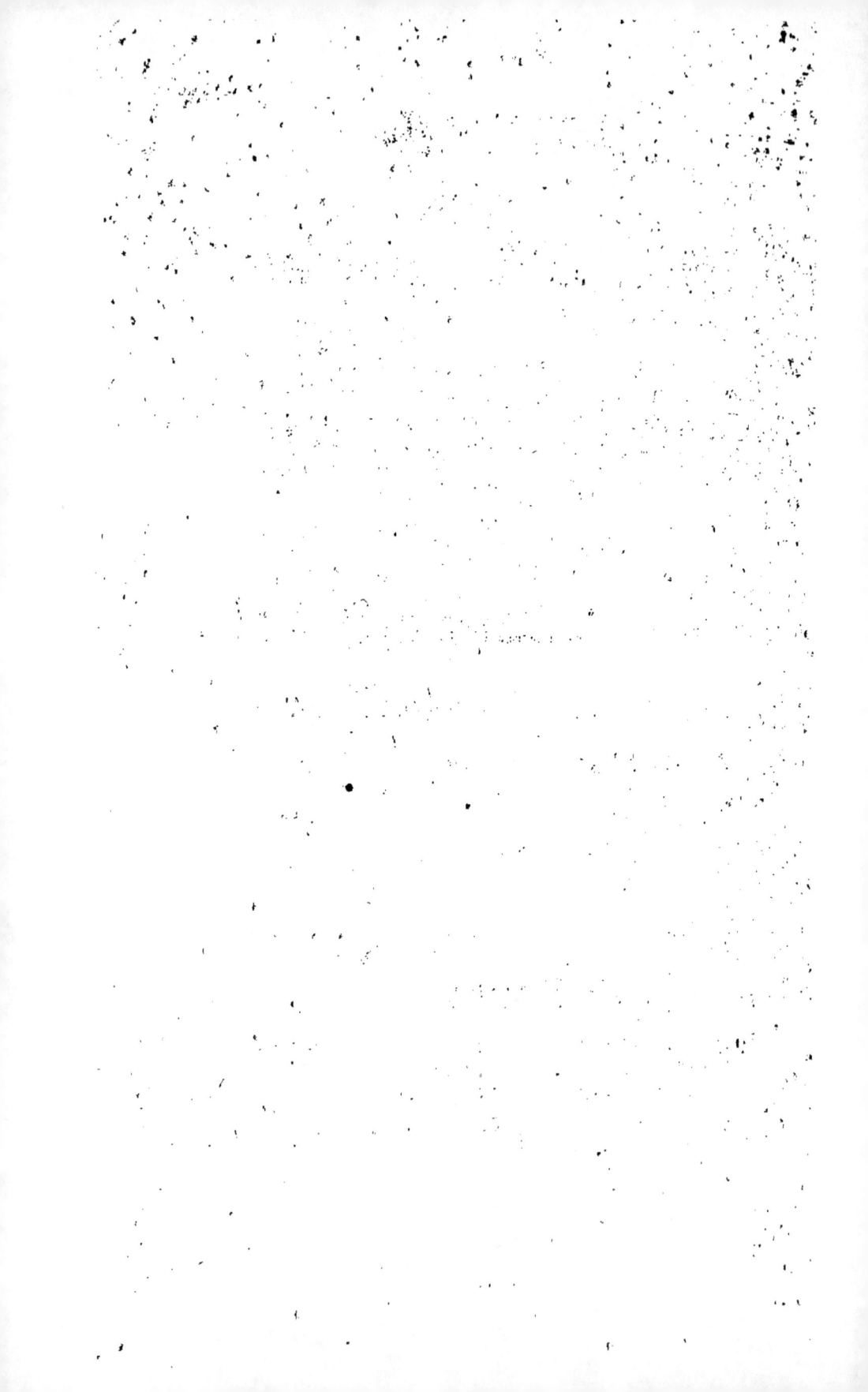

AVANT-PROPOS.

—————————

« Ce serait véritablement un curieux travail à
« faire (dit la *Quotidienne* du 25 septembre der-
« nier), que le relevé général des dépêches télé-
« graphiques publiées par le journal ministériel,
« depuis le commencement de la guerre. On y
« trouverait de singulières contradictions. L'im-
« pudeur et la niaiserie des faiseurs de bulletins y
« brilleraient de tout leur éclat, et l'on pourrait

« remarquer que huit jours se sont rarement écou-
« lés sans que ces documens se soient trouvés
« démentis par des documens émanés de la
« même source. »

Nous avions déjà réuni et classé beaucoup de matériaux, pour notre satisfaction particulière, et sans avoir trop arrêté l'emploi que nous en ferions, lorsque l'article dont les premières lignes sont rapportées ci-dessus, est venu nous confirmer dans la pensée de livrer à la publicité un travail, en effet curieux, et qui ne sera pas tout à fait sans utilité, puisqu'il aura au moins celle d'épargner ou de faciliter des recherches.

Le relevé pur et simple des dépêches télégraphiques, d'après le journal ministériel du soir, nous ayant paru n'offrir qu'une compilation aride et d'ailleurs insuffisante, nous avons cru devoir y joindre, non seulement tous les autres articles officiels relatifs aux affaires d'Espagne, mais encore un certain nombre d'extraits des principaux journaux ministériels. Ces extraits, outre le mérite de servir de développemens aux communications officielles, ont souvent celui de les contredire, quand elles-mêmes ne prennent pas le soin de se démentir.

Pour éviter de multiplier les notes, nous avons *souligné* plusieurs passages des articles que nous transcrivons, tout en laissant également *soulignés* les passages qui l'ont été par les rédacteurs ministériels. Nous croyons suffisant d'en prévenir le lecteur.

Si nous n'avons pas fait remonter notre compilation jusqu'au 29 septembre 1833, date de la mort du roi Ferdinand VII, et qui est à peu près l'époque du commencement de la guerre dans les provinces du nord de l'Espagne, c'est que les publications ministérielles n'ont commencé elles-mêmes à paraître assez régulièrement, et à fixer l'attention, que depuis l'arrivée de don Carlos dans ces provinces.

Toutefois, et afin de remplir dès à présent cette lacune de neuf mois, sans préjudice du relevé que nous pourrons faire quelque jour des documens qui s'y rapportent, nous placerons ci-après, pour tenir lieu d'*Introduction*, un article fort curieux, donnant un aperçu dans le sens *christino*, comme tout ce dont se compose notre *Recueil*, des évènemens militaires antérieurs à la rentrée de don Carlos.

Ce document renferme d'importans aveux. On y convient d'abord, qu'en peu de mois, la guerre civile avait déjà usé à la reine Christine, trois généraux en chef, avant l'arrivée de Rodil, que l'auteur espagnol de l'article en question ne prévoyait pas devoir sitôt partager le sort de ses devanciers; et on arrive à conclure qu'il n'y a d'autre moyen d'en finir avec l'insurrection, que celui d'avoir recours à l'intervention de la France; mesure que de ce côté-ci des Pyrénées, plusieurs feuilles libérales ne se sont pas fait faute de provoquer, et à laquelle un des principaux organes du pouvoir semble prendre à tâche de préparer les esprits (1).

(1) *Voir* le *Journal des Débats*, et notamment son numéro du 1er décembre.

C'est ainsi que nos prétendus champions des droits des peuples et de l'indépendance des nations, après tant de déclamations furibondes contre l'intervention étrangère, qu'ils n'ont cessé de représenter comme flétrissante, injuste et déplorable, lorsqu'elle a pour objet de rétablir dans un pays l'ordre et le bon droit, la trouvent excellente, honorable et juste, lorsqu'elle vient imposer des révolutions à des peuples qui ne veulent point être révolutionnés.

Aussi admirables logiciens que gens de bonne foi, les mêmes hommes qui ont tant reproché à la Restauration l'entretien de quelques régimens suisses, qui leur paraissait tout naturel sous le consulat et sous le règne de Napoléon, proclamaient, il y a deux ans, *Armée nationale Portugaise*, le rassemblement d'étrangers dont se composait l'armée de don Pédro, où l'on voyait des soldats de toutes les nations, excepté des Portugais.

Après avoir applaudi à une intervention à peine déguisée en Portugal, qui d'abord était loin de les satisfaire, mais dont ils se sont accommodés faute de mieux, et qui a fini par réussir, ils appellent aujourd'hui de tous leurs vœux une intervention ouverte en Espagne, comme s'ils n'avaient pas hautement blâmé et ne condamnaient pas encore tous les jours celle de 1823, dont le résultat cependant, a été pour ce royaume, sa pacification immédiate, suivie de dix années de tranquillité, qui eût été complète et durable, s'ils ne s'étaient constamment occupés de la troubler, et s'ils n'étaient enfin parvenus à obtenir du roi Ferdinand, sur son lit de mort, la restauration de la révolution en Espagne, sous la forme d'un changement dans l'ordre de succession au trône.

Nous nous proposons de continuer notre travail pendant toute la durée d'une guerre soutenue, avec autant de courage que de persévérance, par des populations fidèles, contre toutes les forces d'un gouvernement révolutionnaire assisté de puissantes alliances. Dévouées à la cause d'un prince qui a traversé trois cents lieues de pays

ennemi pour venir se mettre à leur tête, gui-
dées par un chef dont les circonstances révèlent
chaque jour la haute capacité militaire, ces populations enrégimentées, désormais façonnées à
la discipline, accoutumées aux marches rapides,
aux entreprises audacieuses, aux fatigues et aux
dangers par une année de guerre de montagnes, ne redoutent point aujourd'hui de combattre en plaine contre de nombreuses troupes
régulières, et les ont déjà vaincues dans plusieurs
actions.

Quelle que soit l'issue de cette lutte, qui a
pris tout d'abord le caractère d'une guerre d'extermination, la postérité, plus équitable que
beaucoup de nos contemporains, paiera sans
nul doute un juste tribut d'admiration à la
mémoire de ces autres Vendéens, que nous voyons
défendre au prix de leur sang, au prix de celui
de leurs familles et de la ruine de leur proprié-
tés, leur religion, leur roi et leurs libertés.

Nous allons maintenant céder la plume aux
écrivains ministériels, et leur abandonner la

tâche de raconter, tant par leurs aveux que par leurs réticences, l'histoire de l'expédition de don Carlos.

Extrait

DU JOURNAL DES DÉBATS

DU 21 SEPTEMBRE 1834.

On lit dans un des derniers *Bulletins du Guipuzcoa,* un article plein d'intérêt sur la situation des provinces insurgées du nord de l'Espagne.

Nous croyons devoir le mettre sous les yeux de nos lecteurs, sans nous associer *pour le moment* à *toutes* les opinions qu'il renferme, et donner notre assentiment à *tous* les remèdes qu'il propose.

Il faut, en le lisant, se rappeler qu'il est écrit sur le théâtre même des malheurs qu'il déplore, et que par conséquent il ne saurait être exempt d'une certaine disposition naturelle à rembrunir le triste tableau qu'on a sous les yeux, et à grossir les maux dont on souffre soi-même.

« Saint-Sébastien, 10 septembre 1834.

« Onze mois se sont écoulés depuis que le dernier soupir de notre roi eut pour écho le cri de rébellion d'une poignée d'ambitieux qui, pendant plus de dix années, usurpèrent le renom exclusif de défenseurs du trône.

« Le premier cri de révolte fut poussé dans la ville de Bilbao. Bientôt cette fureur révolutionnaire se propagea avec une rapidité électrique à la ville de Vittoria. Des individus s'érigeant d'eux-mêmes en autorités publiques, allumèrent *une insurrection générale* dans les deux provinces de Biscaye et d'Alava.

« Le Guipuzcoa se maintenait tranquille; mais les Alavès et les Biscayens y firent irruption, et la révolte éclata partout sur leurs pas. Une députation factieuse fut installée, le soulèvement opéré, et la faction se grossit rapidement de tous les hommes avides de désordre et de pillage.

« La prodigieuse rapidité de ces mouvemens força le commandant-général Castagnon, qui était sorti de Saint-Sébastien à la tête de quatre cents hommes pour se porter en Biscaye, à rétrograder sur Tolosa et de là sur Saint-Sébastien.

« Une des premières mesures que l'on adopta fut la formation d'une colonne de cinq cents volontaires, sous les ordres du digne colonel Jauréguy (El Pastor), pour coopérer avec la troupe de ligne au rétablissement de la tranquillité.

« Les travaux et les dangers de ce petit nombre de braves ont été héroïques : à chaque rencontre ils ont mis les factieux en déroute ; mais le pays se trouva inondé de hordes accourues de l'Alava et de la Biscaye. Il fallut, le 7 novembre 1833, rappeler la colonne mobile dans l'intérieur de la place, qui avait été fidèlement gardée, pendant l'absence des troupes, par les volontaires urbains.

« Le manque de forces royales nécessaires permit à l'insurrection de régner sans obstacles sur la Navarre comme sur les trois autres provinces. Ainsi, quatre cent cinquante lieues carrées et six cent mille habitans restèrent à la merci des révoltés ; car il n'existait, dans toute cette étendue, d'autre force militaire que les faibles garnisons de Pampelune et de Saint-Sébastien, séparées par une distance de quinze lieues, et réduites à l'impossibilité absolue de communiquer entre elles.

« Réfugiés dans les remparts de Saint-Sébastien, tous les sujets fidèles au gouvernement de dona Isabelle II comptaient les jours avec anxiété, attendant celui où le gouvernement enverrait enfin une armée pour protéger les bons et frapper les méchans. Mais par malheur cette armée tarda beaucoup à paraître, et quand elle arriva, sa force se trouva bien insuffisante pour comprimer *une insurrection aussi vaste.*

« Cependant, les premières opérations du général Sarsfield produisirent dès l'abord une dispersion totale qui força plusieurs des chefs les plus influens à se réfugier en France. Mais ensuite, revenus de leur premier mouvement de terreur, on les vit reformer leurs bataillons, en compléter les cadres par un recrutement forcé, et réunir par ce moyen *plus de seize mille hommes armés.*

« Le commandement fut retiré alors au général Sarsfield, qui fut remplacé par le général don Geronimo Valdès ; celui-ci, au jugement des militaires éclairés, se livra à la poursuite des factieux avec plus d'habileté et plus d'activité ; mais l'insuffisance des forces dont il disposait ne lui

permit pas d'obtenir des avantages dignes de sa bravoure
et de son patriotisme.

« Les souffrances physiques de ce général le forçaient
d'ailleurs à chercher le repos, et il fut remplacé par le
général Quésada, marquis de Moncayo, dont la nomination obtint l'approbation générale.

« Cependant, quoiqu'il ait déployé un grand zèle et une
grande connaissance de ce genre de guerre, les résultats de
sa campagne témoignèrent encore une fois de l'impossibilité d'en finir avec une trop faible armée.

« Le gouvernement comprit enfin que cette guerre exi-
geait un autre déploiement de forces et un général distin-
gué par des succès antérieurs.

« L'armée qui était intervenue en Portugal pour l'expulsion des deux prétendans, fut en conséquence acheminée
sur la Navarre. Elle y entra au milieu des acclamations de
tous les bons citoyens, qui fondaient l'espoir d'une prompte
pacification sur la tenue martiale de ces braves soldats et
sur la réputation éclatante de son général en chef, le marquis de Rodil.

« Mais au moment où ce quatrième général prenait ses
dispositions pour ouvrir la campagne avec avantage, un
incident venait ajouter à la guerre civile une compli-
cation nouvelle. Le prétendant, échappé de Londres, traversait la France, et arrivait sur nos frontières.

« Il est impossible d'exprimer la joie, l'ivresse et la jactance des carlistes à cette nouvelle, non seulement en Navarre et dans le reste de l'Espagne, mais encore à l'étranger. Ils n'espéraient rien moins que la défection de l'armée de ligne et une marche triomphale jusqu'à Madrid.

« Mais l'armée repoussa loyalement les honteux moyens de corruption tentés pour la séduire. Les habitans ne virent dans l'infant qu'un nouvel élément de durée à toutes leurs calamités. Les rebelles en armes s'aperçurent, de leur côté, que la garde de sa personne devait les embarrasser dans les marches et contre-marches auxquelles ils sont sans cesse obligés de recourir pour éviter un engagement décisif avec les troupes de dona Isabelle.

« Le brave général Rodil continue le cours de ses opérations, dont il doit presque à chaque pas changer le plan en raison des diverses localités qu'il parcourt successivement. Il ne s'épargne pas à lui-même les fatigues personnelles. Nous le voyons traverser sans relâche, monter et descendre les âpres montagnes où se réfugient les insurgés.

« Mais la guerre civile se prolonge, malgré tant de fatigues et de dangers pour la détruire. On n'en voit pas le terme, et les provinces qui en sont le théâtre se trouveront bientôt au dernier période de la ruine et de la dévastation.

« Nous regardons comme un devoir de rechercher les moyens de mettre fin à l'effusion du sang, au pillage, à

l'incendie et à toutes les calamités qui dévorent ces mal-
heureuses provinces.

« Tout le monde convient que, même sans changer le
plan suivi jusqu'à ce moment par tous les généraux, la
valeur et le dévouement des troupes commandées par le
marquis de Rodil suffiraient à la longue pour exterminer
la révolte. Mais personne ne se dissimule que ce triomphe
tardera beaucoup, à moins d'établir des garnisons dans
tous les lieux importans. La faction se trouverait alors pri-
vée des immenses ressources qu'elle tire des cantons dé-
garnis, et réduite à l'impuissance dans ses efforts ulté-
rieurs. Ne pouvant plus recourir qu'aux villages les plus
pauvres, elle perdrait la funeste influence qu'elle exerce
aujourd'hui sur les grandes communes. Dans celles-ci l'esprit public se réformerait sur l'exemple et les idées des
troupes du gouvernement. On y verrait rentrer les personnes compromises pour la cause de la reine, qui n'ont
présentement pour asile que cinq villes fortifiées; on y or-
ganiserait la garde urbaine, qui n'est pas même connue
dans le pays, si ce n'est dans les cinq points de garnison.

« Les provinces et les districts se trouveraient ainsi dé-
livrés des fortes contributions que les détachemens de rebelles vont lever partout sans empêchement. Les garnisons
se prêteraient un secours mutuel par des sorties combinées,
et les factieux perdraient leur audace.

« La difficulté de ce plan consiste dans l'insuffisance des forces disponibles. La troupe n'est pas assez nombreuse pour un espace de quatre cent cinquante lieues carrées, où il faut poursuivre sur presque tous les points à la fois des bandes multipliées de factieux toujours prêts à se cacher dans les escarpemens les plus impraticables.

« Cependant, la nécessité de multiplier les garnisons une fois reconnue comme le seul moyen d'en finir avec cette guerre désastreuse, il faut reconnaître en même temps que, pour obtenir ce résultat, le gouvernement se trouvera dans l'alternative ou d'augmenter convenablement l'armée de ligne, ou de mobiliser dans tout le royaume un nombre suffisant de miliciens pour occuper militairement les communes les plus importantes des quatre provinces.

« Bien que nous donnions indubitablement la préférence à l'emploi des forces nationales, il nous semble que, dans l'état actuel de l'Espagne, les effets seraient bien plus prompts et plus actifs au moyen d'une *intervention étrangère* qui n'étendrait pas ses opérations au-delà de l'Ebre.

« L'aveuglement des factieux est tel, que, malgré la preuve journalière qu'ils ont de la vigilance du gouvernement français à empêcher l'entrée des armes, des chevaux, des munitions et de tout objet pouvant servir à l'alimentation de la guerre, ils ont toujours l'espoir d'être soutenus par les Français dans leur entreprise.

« Cet aveuglement, dans lequel leurs chefs ont soin de les entretenir, ne pourra cesser que par une démonstration matérielle du gouvernement français, ainsi que du gouvernement anglais, pour le secours de la reine Isabelle; et la présence d'une armée française sur le territoire espagnol suffirait pour confondre les factieux et leur faire tomber les armes des mains.

« Si une pareille démonstration avait eu lieu dès le principe, elle nous aurait épargné tous les malheurs que nous déplorons; mais si elle s'effectue aujourd'hui, elle nous épargnera les dernières calamités qu'il nous reste encore à subir.

« N'est-il pas désespérant pour les bons citoyens d'en être réduits à la triste conviction que les moyens employés jusqu'à ce jour ne triompheront de la révolte qu'après la ruine complète des quatre provinces, et quand on ne pourra plus chanter victoire que sur des débris et des tombeaux?

« Toutes les susceptibilités de l'amour-propre national, quelque noble qu'en soit la source, doivent céder devant la seule possibilité d'une aussi grande catastrophe. Nous qui vivons sur les lieux, qui voyons de près les funestes progrès du mal, et avons les motifs les plus fondés pour en proclamer toute la gravité, *nous ne comprenons pas en quoi l'honneur de la nation pourrait être blessé par le*

2

concours de quelques troupes auxiliaires, qui tranche-
raient d'un coup l'insurrection du nord.

« Nous croyons donc avoir rempli un devoir sacré en
dévoilant toute l'étendue de nos maux, et en exposant avec
franchise notre opinion sur le moyen de les faire cesser.
Il ne nous reste qu'à exprimer l'espérance de voir adopter
les mesures convenables par le gouvernement éclairé qui
veille sur nos destinées. » (*Boletin de Guipuzcoa.*)

RECUEIL

DÉPÊCHES TÉLÉGRAPHIQUES

ET D'UN GRAND NOMBRE D'ARTICLES OFFICIELS,
SEMI-OFFICIELS ET AUTRES
PUBLIÉS PAR LES JOURNAUX MINISTÉRIELS DEPUIS LA RENTRÉE
DE DON CARLOS EN ESPAGNE.

« Le bruit s'est répandu ces jours derniers à
Bayonne que don Carlos est rentré en Espagne,
et qu'il a rejoint les insurgés. Cette nouvelle,
reçue hier (13) par le gouvernement, méritait
confirmation, car, suivant un autre bruit également répandu sur la frontière, les insurgés n'auraient eu dans leurs rangs qu'un faux don Carlos,
mis ainsi en avant pour réveiller le courage de

1834.
Juillet 15.

ses partisans. *Cependant il paraît certain* que le véritable infant vient de quitter l'Angleterre. (Voir les nouvelles de Londres.) *Il serait donc possible* que la nouvelle de sa rentrée en Espagne fût bientôt confirmée. (*Journal de Paris.*) (1)

———

Paris, 14 juillet. — Le *Courrier* anglais d'avant-hier annonce que don Carlos s'est embarqué pour l'Espagne, à bord du bateau à vapeur *le Royaume-Uni,* qui avait reçu quelques approvisionnemens de guerre. Des lettres de Bayonne affirment que ce prince est arrivé dans les provinces insurgées; enfin on répandait aujourd'hui le bruit que don Carlos avait débarqué à Dieppe, qu'il était resté un jour à Paris, et qu'il avait suivi la route de Bayonne, et était arrivé le 9 à

(1) On croit devoir rappeler que le *Journal de Paris,* comme tous les autres journaux du soir, porte la date du lendemain, et que par conséquent le numéro du 15 juillet a paru le 14 au soir. Au reste, pour ne laisser aucune incertitude sur la date présumée de la réception des dépêches, ce qui n'est pas sans importance, surtout lorsqu'il s'agit de nouvelles transmises par le télégraphe, on aura soin de mettre toujours cette date entre deux parenthèses, lorsque le journal cité ne l'aura pas positivement indiquée.

Elisondo. Nous répétons tous ces bruits, qu'il suffit de comparer, pour voir au moins qu'ils ne peuvent être tous vrais à la fois. (*Journal des Débats.*)

———

Un journal légitimiste annonce ce soir *la rentrée du roi* en Espagne. C'est la fuite de Londres, c'est le voyage clandestin dont on ignore encore la véritable destination, que la *Gazette de France* appelle de ce nom pompeux!

Nous répétons l'article de la *Gazette* et la proclamation qu'elle fait adresser par don Carlos au peuple espagnol, sans en garantir aucunément l'authenticité (1). Les souverains de son choix, dans la Péninsule, n'ont pas vu jusqu'ici tellement

(1) La nouvelle de l'entrée du roi don Carlos en Espagne a tellement étourdi le *Journal des Débats*, qu'elle lui a fait commettre une grosse bévue. En effet, ce journal reproduit ce matin, comme un document officiel émané du roi don Carlos, un projet de proclamation donné par la *Gazette de France*, et qui n'était qu'une fiction politique appartenant en propre à la rédaction de ce journal.

Pour une feuille officielle, c'est se laisser bien facilement mystifier.

La vérité est qu'aucun acte émané de don Carlos n'est encore arrivé à Paris... (*Quotidienne* du 16 juillet.)

1834.
Juillet 15. prospérer leurs destinées, que nous puissions nous inquiéter sérieusement du triomphe de la *Gazette* contre le système qui a vaincu à la fois dans deux royaumes par le peuple, par l'armée et par les alliances.

Un banquier de Paris, M. Jauge, a adressé ce soir à la *Gazette de France* une lettre dans laquelle il lui annonce *officiellement* l'entrée de don Carlos en Espagne, et prévient le public que ses bureaux sont ouverts aux souscriptions pour le nouvel emprunt *du roi d'Espagne.*

Il y a des causes perdues que ne relèvent ni les expéditions, ni les emprunts. (*Journal des Débats.*)

———

Madrid, 4 juillet. — On lit dans la *Revista Espagnola* du 4 juillet l'article suivant sur la marche générale des affaires en Espagne pendant le mois qui vient de s'écouler :

La situation intérieure a peu varié. La lutte continue dans les provinces du nord, toujours avec la même tactique d'embuscades, de surprises, et la même stérilité de succès décisifs. En Aragon, Carnicer, pressé de toutes parts, a été contraint de disperser sa bande et de se cacher comme fait Mérino. Dans les autres

provinces d'Espagne, on compte à peine quelques
faibles escouades de rebelles composées d'individus qui n'osent plus espérer de pardon à cause de leurs crimes, et qui sont réduits à changer chaque jour de retraite.

« Les rangs de la milice urbaine se grossissent de toutes parts. La levée des recrues s'est opérée sans obstacles, et les jeunes soldats ont déjà renforcé nos régimens. Enfin les troupes qui viennent du Portugal sont, en ce moment arrivées sur l'Ebre, *et vont bientôt porter les derniers coups à l'insurrection.*

« L'esprit public s'améliore de jour en jour. La nomination des électeurs et des *procuradores* s'est opérée partout avec le plus grand calme et à la satisfaction des amis de la liberté.

« Un évènement funeste, l'apparition du choléra-morbus, est venu altérer la joie que faisaient naître dans tous les cœurs tant de circonstances favorables à la prospérité de la patrie. Une terreur exagérée s'est répandue à Madrid ; les mauvais citoyens en ont profité pour semer des bruits alarmans.

« Puisse le fléau venu de la Moscovie s'écarter de nous, et puisse l'Espagne jouir désormais sans crainte de tous les bienfaits que lui promet une ère nouvelle ! » (*Journal des Débats.*)

On écrit de Tolosa, 7 juillet :

« Le convoi de munitions qui partit de Saint-
Sébastien pour Vittoria, il y a quelques jours,
n'a pu parvenir à sa destination; il a été arrêté
à Bergara par le mauvais état de la route, qui
depuis cette dernière ville jusqu'à Salinas, a été
totalement détruite par la dernière inondation,
qui a ravagé ce pays jusqu'à la mer (1). Les char-
rettes ni même les chevaux ne peuvent circuler
dans une grande étendue de pays; les chemins
sont bouleversés ou comblés par les éboulemens
de terre. Rien d'affreux comme l'aspect du pays
qui a été submergé; tout y est détruit et renversé;
deux ou trois villages ont entièrement disparu,
et le mal est beaucoup plus grand qu'on ne l'a-
vait pensé d'abord.

« On dit qu'il en coûtera plus au gouvernement pour réparer la route de Bergara à Salinas,
que pour en faire une nouvelle dans une autre

_____

(1) Tous les journaux du 12 et du 13 ont rapporté les
détails de cette inondation, qui a eu lieu dans les premiers
jours de juillet, et a rendue impraticable, entre Bergara et
Salinas, la route royale de Madrid à Bayonne. Cette route,
principale communication de l'Espagne, traverse le pays
insurgé.

direction. Aussi nous sommes sans communication directe probablement pour long-temps, *nous
y sommes habitués :* la correspondance de Madrid nous manque déjà depuis cinq courriers.
Nous avons donc le temps d'attendre. » (*Journal des Débats,* d'après la *Sentinelle des Pyrénées.*)

———

La lettre suivante a été publiée ce matin (15)
par plusieurs journaux :

« Monsieur le rédacteur,

« Je m'empresse de vous apprendre que je
viens de recevoir une lettre d'Espagne par laquelle je suis officiellement informé que S. M. le
roi Charles V est arrivé le 9 de ce mois au milieu de ses fidèles sujets armés pour la défense
de ses droits. Sa présence a partout excité le plus
vif enthousiasme.

« S. M. Charles V, en m'accordant le titre de
son banquier, a bien voulu accepter les services
de ma maison pour la négociation d'un emprunt
dont les conditions sont depuis long-temps con-
senties, mais dont la publication a été, d'un
accord commun, subordonnée à la présence de

Sa Majesté sur le sol de son royaume. Cet évènement étant aujourd'hui accompli, il est de
mon devoir de donner connaissance de cet emprunt au public, et de faire savoir, en attendant
la très-prochaine publication du prospectus, que
les souscriptions seront reçues dès à présent dans
mes nouveaux bureaux, passage Sandrié, n°. 5.

« En publiant dans votre feuille de ce soir la
présente lettre, vous obligerez celui qui a l'honneur d'être, etc.,

« Amédée JAUGE.

« Paris, 14 juillet 1834. »

Vers trois heures, M. Jauge s'étant présenté
à la Bourse, a été immédiatement arrêté par le
chef de la police municipale, accompagné de
quelques agens. (*Journal de Paris.*)

———

Toutes les feuilles carlistes donnent comme
certaine la nouvelle de la rentrée de don Carlos
en Espagne; un de leurs correspondans prétend
même en avoir reçu l'annonce *officielle!*...
Ces journaux sont sans doute beaucoup mieux
informés que le gouvernement et le corps diplo-
matique; car ni le gouvernement ni aucune am-

bassade n'a encore reçu d'annonce officielle de
cet évènement.

Le gouvernement a bien appris, ainsi que nous l'avons annoncé hier, que le bruit en courait depuis quelques jours sur la frontière d'Espagne; mais il a appris en même temps, et il a dû ajouter, qu'à la frontière même ce bruit trouvait peu de créance, et que beaucoup de personnes ne le regardaient encore que comme une manœuvre de parti.

Aujourd'hui, on paraît généralement y croire. La fuite de don Carlos annoncée par les journaux anglais, et la connaissance de certaines clauses d'un traité d'emprunt, donnent quelque vraisemblance à cette étrange nouvelle. Cependant, nous le répétons, ce ne sont encore que des conjectures, aucun avis officiel n'en étant parvenu.

Ce qui ne paraît que trop certain pour l'honneur de don Carlos, ce sont les clauses du traité dont nous venons de parler. En arrivant en Angleterre, le premier soin de ce prince, sur qui repose en Espagne l'espoir de l'absolutisme, aurait été de tâcher de négocier un emprunt!..... Honteux de sa conduite, et sentant bien que la prudence peu commune qui l'avait toujours si soigneusement éloigné du danger était plus propre à garantir sa sûreté personnelle que le succès d'une cause engagée sur un champ de bataille, les capitalistes auxquels il se serait adressé lui auraient imposé pour première condition l'obligation de rentrer de sa personne en Espagne, et ce prince, *en qui* ni la perte d'une couronne ni le spectacle du sang qui coulait pour lui n'avaient pu réveiller le moindre sentiment de courage, se serait soumis à l'humiliation de ce marché; il aurait promis de rentrer en Espagne pour gagner quelques millions, en favorisant par cette absurde tentative les spéculations financières de quelques aventuriers. Tels sont les nouveaux titres de l'infant don Carlos au dévouement et à l'admiration de son pays!... L'arrivée d'un pareil chef fût-elle confirmée, mériterait bien, on le voit, les chants de triomphe qu'entonnent à ce sujet les journaux de son parti! (*Journal de Paris*). (1)

---

(1) Le *Journal des Débats*, en réimprimant l'article du *Journal de Paris*, s'est abstenu d'en reproduire le dernier paragraphe; il aura sans doute jugé qu'un emprunt négocié par don Carlos, au moment de sa rentrée en Espagne, n'avait rien de plus extraordinaire que les emprunts contractés par don Pédro pour son expédition de Portugal.

Il paraît qu'il ne suffit pas aux feuilles carlistes d'être si promptement informées des succès
de leur héros ; il leur faut du merveilleux pour
le voyage de don Carlos : aussi nous donnent-
elles ce matin un itinéraire détaillé d'après lequel ce prince, si aventureux de sa nature, aurait traversé toute la France pour se rendre en
Espagne !

Certes, avec une liberté comme celle dont
nous jouissons, il n'y aurait rien de surprenant
à voir un étranger déguisé traverser librement
la France, muni d'un faux passeport ; mais tout
doit porter à croire que cette circonstance même
n'est qu'une nouvelle invention de ces messieurs,
car tous les journaux anglais ont annoncé que
don Carlos s'était embarqué pour l'Espagne sur
le *Royaume-Uni*, bateau à vapeur *armé en
guerre* (1). (*Journal de Paris*.)

Voici, d'après les journaux carlistes, l'itinéraire qu'a suivi don Carlos :

(1) Cet article du *Journal de Paris* n'a point été reproduit par le *Journal des Débats*, apparemment mieux instruit que son confrère.

Don Carlos est parti de Londres le 1ᵉʳ juillet pour Brighton; de Brighton il s'est rendu à Dieppe par le bateau à vapeur; arrivé à Dieppe le 2, il en est reparti aussitôt, et a voyagé pendant la nuit. Arrivé à Paris le 4 au matin, il en est reparti le 4 au soir. Arrivé à Bordeaux le 6, il y a couché. Parti de Bordeaux le 7 pour Bayonne, il y est arrivé le 8 ; et enfin le 9 il a atteint Elisondo, terme de son voyage.

Don Carlos était accompagné d'un seul individu. (*Journal des Débats.*)

Nous recevons par voie extraordinaire les nouvelles suivantes de Madrid, en date du 9 :

« Madrid, 9 juillet.

« La frayeur qu'avait produite l'approche du choléra commence à diminuer. On s'accoutume insensiblement à ce voisinage. Concentré jusqu'à présent dans les hôpitaux, où même plusieurs cas sont douteux, il y a lieu d'espérer qu'il ne se manifestera pas dans les autres quartiers de la capitale, qui jouit depuis quatre siècles de l'heureux privilége de n'avoir subi aucune épidémie. Le peuple n'a jamais cru à l'existence de ce fléau.

« Le général Rodil s'avance vers les provinces
insurgées, où il doit être maintenant. Il faut attendre le résultat de la première opération pour juger si les renforts qu'il conduit suffiront pour terminer cette guerre désastreuse.

« Quelques bandes se sont présentées vers Sépulvéda, au revers nord du Guadarama. Des troupes sont parties de Madrid pour aller à leur poursuite. Il paraît que Cuévillas et Mérino ont réuni les restes dispersés de leurs partisans et ont essayé de rallumer le feu de l'insurrection. Tout porte à croire qu'ils seront obligés de se retirer encore une fois dans leurs repaires. » (*Journal des Débats.*)

L'*Indicateur de Bordeaux* du 12 juillet contient la lettre suivante de Bayonne, de 10 juillet 1834 :

« Je me fais un devoir de vous communiquer un bruit bien extraordinaire qui s'est répandu et dont on s'occupe beaucoup depuis ce matin.

« Il n'est question de rien moins que de l'arrivée de l'infant don Carlos en Espagne. Je suis loin de croire cette nouvelle vraie, mais force paris sont en jeu pour et contre.

« C'est hier, en plein midi, que le prince serait passé; il aurait débarqué à Calais, traversé toute la France *incognito*, et vraisemblablement même passé à Paris.

« Il est plus positif, selon moi, que malgré Rodil et les troupes sous ses ordres venues de Portugal, *ses forces, avec celles qui existent déjà, sont dans l'impossibilité de soumettre l'insurrection des provinces du nord.* Bien loin de porter la terreur parmi les carlistes, par l'expulsion de la Péninsule des deux prétendans, il est constant qu'à cette nouvelle grand nombre de jeunes gens ont été grossir les bandes carlistes; il est encore vrai que, sans savoir d'où il vient, force argent passe par notre ville pour ce parti. » (*Journal des Débats.*)

Juillet 17. Comme on devait s'y attendre, tous les journaux s'occupent encore ce matin de la rentrée de don Carlos en Espagne; ceux de Bordeaux et de la frontière des Pyrénées, qui avaient d'abord révoqué en doute la vraisemblance de cette nouvelle, l'annoncent aujourd'hui d'une manière plus positive, d'après leurs correspondances particulières. Ils avouent cependant qu'une grande obscurité couvre encore cet évènement.

Le gouvernement n'ayant encore reçu jusqu'à

présent aucun renseignement officiel, doit continuer à s'imposer une extrême réserve dans ses
nouvelles. Nous ne pouvons que répéter les bruits
qui circulent *et qui commencent à prendre
consistance*, mais sans vouloir les garantir.

Les spéculateurs ont été si souvent trompés
par des manœuvres intéressées ou par de fausses
nouvelles crues trop légèrement, qu'il est inutile
de les engager à se tenir sur leurs gardes. La vérité ne saurait tarder à être connue, et l'on peut
compter que le gouvernement la dira tout entière aussitôt qu'il aura des renseignemens certains. (*Journal de Paris.*)

———

On lit dans un autre journal du soir (*le Messager*):

« Les détails confirmatifs du voyage de don
Carlos en Espagne à travers le territoire français
se multiplient de manière à ne plus guère per-
mettre de doutes sur le fait principal. On assure
que le prétendant est venu en France sur le
même paquebot qui ramenait en France M. Du-
pin. On ajoute que M. Jauge, conduit hier à la
Préfecture de police, a été interrogé par M. Gis-
quet, qui lui a demandé par quel motif il avait
répandu dans le public une nouvelle dont il n'é-

3

tait pas sûr. « Comment! aurait répondu M. Jauge,
je n'étais pas sûr du voyage du roi Charles V,
moi qui ai eu l'honneur de le recevoir à dîner
le jour de son passage à Paris! »

« Des lettres de Bordeaux annoncent positivement que don Carlos y est arrivé le 6, qu'il a
logé chez M. Pichon de Longueville, ancien
conseiller au parlement, dont le gendre l'a accompagné jusqu'à Bayonne. » (*Journal des Débats.*)

———

On lit dans l'*Indicateur de Bordeaux* du
13 juillet :

« Nous avons su, d'après un journal anglais,
que l'ex-ministre espagnol Calomarde, réfugié
en ce moment à Paris, se disposait à partir pour
les Pyrénées, afin de conspirer pour don Carlos.
Cette nouvelle nous avait amenés à engager les
agens de l'autorité à une surveillance active en-
vers des hommes qui, sous la protection de nos
institutions libérales, venaient travailler au ren-
versement d'un gouvernement constitutionnel
que nous avions reconnu.

« Aujourd'hui nous aurions à révéler des faits
qui tendraient à justifier la nouvelle du *Sun.*

« Ici on fabrique sous nos yeux des équipemens de guerre pour le parti de don Carlos; dans les environs de Bayonne et dans cette ville même, on a établi des magasins d'armes à la solde du prétendant : des secours d'argent et de munitions passent assez librement la frontière pour les hommes de son parti, et nous pouvons assurer que tous les armemens qui doivent entretenir en Espagne le feu de la guerre civile ne proviendront que des villes frontières de France.

« Au reste, notre correspondant de Bayonne confirme le passage dans cette ville de don Carlos, qui serait déjà arrivé au Bastan. »

—On écrit de la frontière d'Espagne, le 9 juillet :

« Le général Rodil est arrivé le 6 de ce mois à Logrono avec huit mille hommes de troupes; l'infanterie paraissait très-fatiguée, et la cavalerie fort estropiée par suite des marches forcées qu'ils viennent de faire.

« Zumala-Carréguy est à la Borunda; Sagastibelza est depuis quelques jours à Goysuéta et à Aranaz; Jauréguy est à Tolosa; Quésada était encore à Pampelune le 6 de ce mois; Oraa et Lorenzo étaient sortis de cette place, se portant vers Estella et Puente de-la-Reina.

« Nous verrons si Rodil se remuera de manière à nous inspirer le sentiment de transmettre des nouvelles dignes de quelque attention. »

—La *Sentinelle des Pyrénées* du 12 juillet annonce que les carlistes reçoivent des secours de toutes parts; la veille on devait leur livrer à Sare, petit bourg à trois lieues de Saint-Jean-de-Luz, cent chevaux, dont les harnais avaient été expédiés quelques jours auparavant. (*Journal des Débats.*)

———

Tous les renseignemens se réunissent pour confirmer la nouvelle de la rentrée de don Carlos en Espagne. Le gouvernement la regarde maintenant comme certaine. (*Journal de Paris.*)

———

Le Messager a annoncé hier, et ce matin d'autres journaux ont répété d'après lui, que M. Jauge avait été interrogé par M. le préfet de police, et s'était vanté d'avoir reçu don Carlos chez lui le jour de son passage à Paris.

Il est faux que M. Jauge ait été interrogé par M. le préfet de police, et *par conséquent* qu'il ait pu faire la réponse qu'on lui prête (1). (*Journal de Paris.*)

(1) Si M. Jauge n'a point été interrogé par M. le préfet de police, il n'en a pas moins été interrogé par quelqu'un;

On lit dans l'*Indicateur de Bordeaux*, du
14 juillet, le *post-scriptum* suivant :

« Le maire de Bayonne vient de recevoir une
lettre d'Elisondo qui annonce que la junte de
Navarre se disposait à fêter le personnage mys-
térieux qu'on suppose être don Carlos.

« Cette nouvelle peut être regardée comme
positive, car elle a été communiquée aux principales autorités de notre ville. »

Le même journal assure que le signalement
du personnage vu contredit l'original, et qu'on ne
voit dans ce bruit si peu attendu qu'une spécu-
lation carliste sur les débris découragés du parti ;
on assure même, et ce bruit paraît plus fondé,
que c'est le général Moréno, échappé aux me-
naces de l'Angleterre, qui met en émoi toute la
ville.

« Pour compléter toutes ces contradictions,
notre correspondant nous dit que, le 11, le prince
a réuni les juntes carlistes pour se faire recon-

il a donc *pu faire* la réponse qu'on lui prête. Au reste, un
article de la *Gazette des Tribunaux*, rapporté par le
Journal des Débats du 19 juillet, et par la plupart des
journaux, fait connaître que M. Jauge a été interrogé par
M. Puissant, juge d'instruction.

naître, et qu'à cette occasion de grandes réjouis-
sances ont eu lieu sur toute la ligne de la frontière; toutes les cloches étaient en branle, et les
houras carlistes s'entendaient du territoire français.

« Il est encore un fait *matériel;* c'est que,
sans la participation du consul anglais, un personnage qui serait venu d'Angleterre à Bayonne
a expédié un courrier extraordinaire de cette
dernière ville pour Londres. Ce personnage, qu'on
affirme être don Carlos, aurait même dit à la
personne qui l'accompagnait : *Dans le moment
où je vous parle, on me médecine à Londres.*

« Enfin, le second de nos correspondans ter-
mine en disant : « Pour croire à l'arrivée de don
Carlos, nous avons des données certaines qu'on
nous oblige encore à garder devers nous. » (*Journal de Paris.*)

———

Dans son numéro du 6 juillet, le *Courrier
français* signala le fait suivant : « Dix déserteurs
« français s'étant présentés dernièrement aux
« avant-postes christinos, à Irun, et ayant ré-
« pondu *France!* au *qui vive?* des Espagnols,
« ont essuyé une décharge qui a blessé deux
« déserteurs. »

Il était du devoir de l'autorité de vérifier ce fait; c'est ce qu'elle s'est empressée de faire. Il résulte des informations prises sur les lieux que ce ne sont point des déserteurs de régimens français qui se sont présentés aux avant-postes espagnols, mais *des déserteurs de bandes insurgées qui ont passé du côté des troupes de la reine.* Comme la plupart de ces déserteurs sont, à ce que l'on croit, des Français, cette circonstance a pu donner lieu à l'erreur commise par le *Courrier.*

Le bon esprit des corps de la division du général Harispe, et leur excellente discipline, ne laissaient pas de doute que l'information prescrite ne tournât en leur faveur. (*Moniteur.*)

———

On lit ce matin (18) dans plusieurs journaux :

« Hier, à cinq heures un quart du soir, M. de Chateaubriand a été mandé chez le juge d'instruction. Il s'agissait d'ouvrir en sa présence une lettre à son adresse, saisie sur M. Jauge, et par laquelle un ami lui mandait de Bordeaux que Charles V venait de passer par cette ville. La lettre se terminait ainsi : « *Vous voyez que tous les rois ne s'en vont pas.* » M. Jauge a déclaré, qu'au moment de son arrestation, il allait mettre ses lettres à la petite poste.

M. le marquis de Clermont-Tonnerre a reçu la même injonction, mais il était absent de Paris. (*Journal de Paris.*)

———

Des journaux auxquels peu importent la source et la vérité des nouvelles qu'ils publient, ont prétendu expliquer le retraite de M. le maréchal Soult, par une scène qui se serait passée au conseil d'hier, entre M. le maréchal et M. Thiers. L'ignorance de certaines dépêches télégraphiques dans laquelle M. Thiers aurait laissé M. le maréchal, aurait été, dit-on, l'objet de plaintes fort vives; M. le maréchal aurait demandé que les télégraphes fussent transférés de l'intérieur à la guerre.

Il y a dans ce récit autant d'erreurs que d'assertions.

D'abord, on dit que c'est dans le conseil d'hier que cette scène s'est passée; et il n'y a pas eu de conseil hier, ni même avant-hier.

On dit que M. le maréchal s'est plaint d'ignorer certaines dépêches télégraphiques; et cela, tout simplement, est impossible. M. le maréchal n'a élevé aucune plainte de ce genre, et n'en

pouvait élever aucune, car toute dépêche télégraphique est toujours communiquée au président du conseil et au ministre de l'intérieur.
M. le maréchal Soult n'a donc rien pu ignorer
de ce qu'il devait savoir.

On ajoute enfin que M. le maréchal a demandé
que les télégraphes fussent transférés de l'intérieur à la guerre. Cette assertion est encore absolument fausse. Ni ces jours derniers, ni à aucune
autre époque, les télégraphes n'ont été au conseil l'objet d'une discussion de cette nature.

Quelques journaux ont encore imaginé une
autre supposition; ils ont prétendu que la question d'intervention en Espagne avait divisé le
conseil. Cette supposition est aussi erronée que
les précédentes. *La question de l'intervention
n'a pas été soulevée :* personne donc au conseil
n'a pu soutenir ni combattre un projet qui n'a
pas été mis en discussion. (*Moniteur.*)

« Charles V, en arrivant à Elisondo, a fait quelques nominations, dont voici les principales :

« Le comte de Villemur a été nommé ministre de la guerre par intérim; Zumala - Carréguy
chef de l'état-major général et commandant-gé-

néral de l'armée; Bénito Eraso .second commandant-général.

« Voici la proclamation de don Carlos à l'armée (1). (*Journal des Débats*, d'après *la Gazette
de France.*)

Juillet 20.   *La Gazette de France* annonçait hier soir, et
d'après cette feuille plusieurs journaux répètent
ce matin, qu'un corps d'armée des troupes de
Rodil aurait éprouvé des pertes immenses à quelque distance de Pampelune, et aurait été mis
dans une déroute complète. *La Quotidienne*
ajoute même que le prétendant marchait sur Vittoria, et que le bruit courait qu'il était entré
dans cette place.

Nous n'avons qu'un mot à répondre à toutes
ces inventions :

Le gouvernement a reçu des dépêches du 17,
et il est positif qu'à cette époque aucune espèce
d'engagement n'avait eu lieu entre les troupes
de don Carlos et le général Rodil. (*Journal de
Paris.*)

On lit dans l'*Indicateur bordelais* les lignes

(1) Voir aux *Pièces justificatives.*

suivantes au sujet de l'entrée de don Carlos en
Espagne :

« Voici la question espagnole qui va se compliquer de nouveau, contrairement aux intérêts politiques et commerciaux de la France. On n'est pas sans crainte à Bayonne sur l'entrée du prince. Déjà, nous écrit-on, le Pastor (Jauréguy), qui en est instruit, vient de se renfermer dans Saint-Sébastien et de faire mettre la ville en état de défense; déjà aussi des courriers, qui *tournent la ville de Bayonne*, passent en Espagne, porteurs de dépêches pour don Carlos, à qui l'argent et les armes ne manquent point.

« On prétend même que, dans notre département, des émissaires secrets engagent à raison de deux francs par jour des jeunes gens qu'on dirige sur Mont-de-Marsan, et qui de là obtiennent des passeports pour Bayonne. *Le gouvernement attendra-t-il, pour ouvrir les yeux, qu'il ne soit plus possible d'en finir qu'en faisant marcher une armée française sur Madrid, pour soutenir la reine et les cortès?*

—On écrit de Bayonne, le 12 juillet (*au Mémorial des Pyrénées*):

« Le 9, à neuf heures du matin, une voiture est arrivée par la porte de France; elle s'est dirigée vers l'Espagne. Les voyageurs qu'elle conte-

1834.
Juillet 20,
nait ont pris sur la frontière un conducteur qu'on
sait être exactement dévoué au parti carliste.
Ils se sont tous rendus à Elisondo. A leur arrivée
une grande joie a éclaté à Elisondo. En même
temps, deux chapeaux de général, avec galons
en or, ont été commandés en toute hâte à Bayonne,
et sont partis bientôt après pour Elisondo. Voilà
la partie positive de la narration. Maintenant on
assure que l'autorité a envoyé un agent du côté
d'Elisondo, et que cet agent est venu certifier
que don Carlos est réellement arrivé dans ce village, et qu'il y a été fêté, proclamé, salué du
nom de roi, et qu'il est en ce moment à la tête
des troupes.

« Cet évènement annonce que les carlistes,
qu'on croyait au moment de se disperser, veulent
encore tenir la campagne. On reçoit ici de l'argent pour eux, et on leur expédie une immense
quantité d'effets d'équipement. Ils se préparent
évidemment à sortir de leurs montagnes. Rodil,
qu'ils attendaient, n'arrive pas; *ils sont donc
maîtres encore de toute la Navarre, car on ne
peut compter Quésada comme un ennemi
dangereux; il n'a fait preuve ni de calcul, ni
de fermeté, ni de dévouement; ses précédens
n'en pouvaient faire qu'un partisan douteux
du gouvernement de la reine, et il faut que ce*

gouvernement soit bien dépourvu d'hommes capables pour avoir confié en de telles mains le soin d'éteindre l'incendie : quant aux carlistes, ils propageront sans doute l'enthousiasme qu'à un titre quelconque ils ont fait éclater à Elisondo; ils en profiteront apparemment mieux que des avantages obtenus par eux jusqu'ici. Ainsi attendons, et ne croyons qu'aux faits qui ne seront pas contestés.

« Nous recevons une nouvelle lettre de Bayonne, écrite par une personne parfaitement placée pour être bien informée, et qui ne nous permet pas de douter de la présence de don Carlos en Navarre. »

— L'infant don Sébastien et sa femme, venant de Madrid par Valence, sont arrivés le 9 juillet aux environs de Barcelonne, et sont descendus à la magnifique maison de campagne du Labyrinthe, appartenant au marquis d'Alfaras. Les autorités sont allées complimenter LL. AA. RR. dans la soirée même de leur arrivée. (*Journal des Débats.*)

———

Le gouvernement a reçu par le télégraphe des nouvelles de Bayonne, du 19.

A cette époque, on savait dans cette ville que

1334.
Juillet 21. le général Rodil était à *Puente-de-la-Reina*
avec son armée divisée en trois corps, et qu'il
allait entrer en opérations.

Une lettre particulière d'une date antérieure
annonce qu'à la seule approche de ce général, la
junte d'Elisondo s'est enfuie dans le plus grand
désordre. (*Journal de Paris.*)

Un journal du soir publie la lettre suivante,
qui confirme les nouvelles qu'on vient de lire :

« Bayonne, 16 juillet.

« Rodil a passé sa première revue à Puente-
de-la-Reina le 13 ; son armée se compose, dit-
on, de 20,000 hommes et de 2,000 chevaux, sans
compter les garnisons des places. Cette supério-
rité de forces permet d'espérer qu'il en finira
promptement, et que nous ne tarderons pas à
voir arriver sur notre territoire un déluge de fanatiques, demi-héros, demi-brigands. En attendant, la férocité des factieux est arrivée à tel
point, que le premier ordre expédié par Rodil a
déjà coûté la vie à dix-huit individus qui ont
coopéré à sa transmission. Tout alcade ou régi-
dor qui l'a reçu ou transmis à la commune voi-

sine a été immédiatement fusillé, d'après les ordres impitoyables donnés par Zumala-Carréguy.

« La junte factieuse a quitté Elisondo avec
don Carlos, pour établir son quartier-général
dans la vallée d'Ulzama. Rodil a dû occuper
Elisondo le 14. » (*Journal des Débats.*)

———

Un journal (*le Constitutionnel*) publie aujourd'hui (20) l'itinéraire suivant de don Carlos
en France, dont il garantit la parfaite authenticité :

« Le prétendant est parti de Londres dans la
nuit du 30 avec M. Auguet de Saint-Sylvain.
Il est arrivé à Dunkerque avec un passeport du
ministère des relations extérieures d'Angleterre,
sous le nom d'Alphonse Saez, nom cher aux lé-
gitimistes espagnols, et porté, comme on le sait,
par le fameux Victor Saez, confesseur de Ferdinand. Il a voyagé en calèche, et est arrivé à
l'hôtel Meurice, à Paris, où il a couché la première nuit. Le lendemain, il a fait en ville quelques visites *en calèche découverte,* et a passé
la nuit dans une maison particulière, rue du
Dauphin, près Saint-Roch. Il est ensuite parti
pour Bordeaux, où il a, comme on le sait, couché
chez M. Pichon de Longueville. Il a quitté Bor-

deaux dans la voiture de M. Pichon, et, avec lui, s'est rendu, après avoir dîné à Mont-de-Marsan, dans la maison de campagne de M. de la Lande, à Tarnos, à une lieue de Bayonne. Le fils de M. de la Lande est allé aussitôt informer de son arrivée M. Detroyat, le plus entreprenant et le plus dévoué affidé du parti. Celui-ci a tout préparé dans la nuit pour le départ du prétendant, qui, craignant d'être surpris par la police, témoignait la plus vive impatience d'entrer en Espagne.

« Enfin, le 9, entre sept et huit heures du matin, don Carlos est parti en calèche, dans la compagnie de MM. Auguet, Théodore Detroyat, don Cruz, *et le commandant de la gendarmerie en uniforme,* par la route de Saint-Pierre-de-Irube, par Arcangues, et qui mène à Sare, et il est heureusement arrivé en Espagne. »

M. Auguet de Saint-Sylvain, Français qui a traversé la France avec don Carlos, a été nommé par lui, à son entrée en Espagne, brigadier d'infanterie et baron de los Vallès. (*Journal des Débats.*)

Juillet 22. Une dépêche télégraphique du 20 annonce que les tentatives de don Carlos pour embaucher

l'armée n'ayant pas réussi, il a voulu se diriger
sur l'Alava.

Rodil s'est porté sur Salvatierra pour l'en empêcher. Il n'y a eu encore aucun engagement.

Ainsi don Carlos, qu'on nous représentait déjà comme en pleine marche sur Madrid, en est à éviter la rencontre du général Rodil. (*Journal de Paris*.)

———

Nous recevons par voie extraordinaire les journaux de Madrid du 15. La nouvelle de l'entrée de don Carlos en Navarre n'était point encore parvenue dans cette capitale. (*Journal des Débats*.)

———

Le général Rodil, récemment nommé vice-roi de Navarre et commandant en chef de toutes les troupes réunies dans les provinces du Nord, était le 9 juillet à Mendavia, bourg situé sur la rive gauche de l'Èbre, en arrière de Puente-de-la-Reina, près la route de Burgos à Pampelune, à égale distance à peu près de Pampelune et de Vittoria. Il a eu à Mendavia une entrevue avec son prédécesseur le marquis de Moncayo, général Quésada, qui retourne à Madrid.

4

1834.
Juillet 22.

Nous recevons avec les journaux espagnòls la proclamation suivante (1) du général Rodil, datée du 9 juillet, le jour même où don Carlos traversait la frontière. Cet évènement n'était pas connu lorsque la proclamation a été rédigée. (*Journal des Débats.*)

———

Juillet 23.

Voici le texte d'une dépêche télégraphique du 21, que le temps n'a permis de recevoir qu'aujourd'hui (22) :

« Don Carlos paraît être toujours dans les environs de Salvatierra; ses troupes ont fait *peu* de recrues.

« Rodil a expédié 3,000 hommes de Pampelune vers la vallée de Bastan.

« Jauréguy est parti de son côté pour se porter vers Salvatierra.

« Les insurgés souffrent des privations, par suite des mesures énergiques de Rodil pour leur couper les vivres. Ils ont introduit de France environ cent chevaux, et ne paraissent pas avoir beaucoup d'argent.

« Jusqu'à présent, aucun engagement n'a eu lieu. » (*Journal de Paris.*)

(1) Voir aux *Pièces justificatives.*

Des lettres du 14 et du 15, de Madrid, annoncent que la plus parfaite tranquillité régnait dans cette capitale. Le choléra n'y avait aucune intensité. (*Journal de Paris*.)

Le *Journal du Commerce*, d'après un journal de Bordeaux, annonce que dans cette ville on confectionne des habits militaires, des fleurs de lis pour des chabraques, destinés aux troupes de don Carlos, et qu'on enrôle au prix de deux francs par jour pour l'armée du prétendant.

Le gouvernement n'avait pas attendu les avertissemens de la presse pour prendre à cet égard les mesures les plus sévères : l'ordre est déjà donné depuis plusieurs jours de saisir, dans les lieux voisins de la frontière, tous les objets d'armes, de munitions et d'équipemens militaires qui paraîtraient destinés à l'armée du prétendant. (*Journal de Paris*.)

On annonce l'arrestation de M. Delpech, comme compromis dans l'affaire qui a motivé l'arrestation de M. Jauge. (*Journal de Paris*.)

Le *Mémorial bordelais* du 17 juillet contient
la lettre suivante :

« Bayonne, 17 juillet.

« On achète ici des chevaux à force. Un ma-
quignon seul en a livré cette semaine quatre-
vingt-sept. Avant peu, il y en aura deux cents,
et toute cette remonte est dirigée vers les lieux
qu'occupent les carlistes.

« Don Carlos s'est avancé vers la Castille. Il a
fait de brillantes propositions à Rodil pour l'a-
mener à sa défection.

« Rodil est sorti de Pampelune, et se porte
avec 7 ou 8,000 hommes vers Salvatierra, où
don Carlos a déjà paru. On pense que s'il ne
peut séduire ce général, l'infant essaiera un
mouvement dans l'intérieur, où l'on s'attend à
voir surgir Mérino. » (*Journal des Débats.*)

DÉPÊCHE TÉLÉGRAPHIQUE.

Bayonne, 22 juillet.

Le quartier-général de don Carlos était le 20

à Sainte-Croix de Campezo, avec onze bataillons.
Il n'a pas fait plus de 3oo recrues..

Rodil avait son quartier-général à Lerin, et occupait Lodosa et Mendigorria. Au moins 9,000 hommes de troupes sorties de Pampelune allaient le rejoindre.

La junte de Navarre lève des contributions.

Pas encore d'engagement. (*Journal de Paris.*)

———

Bayonne 19 juillet.

Les défections sur lesquelles comptait le parti de don Carlos n'ont pas lieu. La faction s'est à peine grossie de quelques soldats; les troupes de la reine reçoivent, au contraire, de nombreux renforts des milices urbaines.

Le général Rodil a noblement résisté à toutes les tentatives de séduction; il a pris les mesures les plus sévères pour couper aux insurgés tous leurs moyens d'approvisionnement; ceux-ci paraissent déjà beaucoup en souffrir.

Ils sentent en outre que la garde du prétendant est fort embarrassante pour le seul système de guerre qu'ils puissent adopter, car la guerre de partisans exige de promptes et fréquentes dispersions.

Rodil cherche à les attirer en plaine, mais les insurgés sentent bien qu'ils ne sont pas en état d'y tenir, et ils mettent tous leurs soins à éviter l'engagement.

L'insurrection ne fait aucun progrès ; elle ne s'étend pas au-delà des quatre provinces basques (1).

Les députés des cortès se rendent à leur poste de toutes parts.

La proclamation publiée par don Carlos diffère beaucoup de celle que lui prêtent les journaux de Paris. Il y annonce l'intention d'être inexorable pour ceux qui ne se repentiront pas de leur rébellion. Il réclame l'obéissance la plus aveugle, et ne parle ni de *cortès* ni de *fueros*.

La douane a saisi hier soixante-trois paquets de cartouches qu'une femme portait à Urdax. (*Journal de Paris.*)

———

Voici en quels termes le *Journal de Franc-*

(1) C'est beaucoup, puisqu'on ne peut parvenir à les soumettre ; mais on verra tout à l'heure que ce n'est pas tout, et que des mouvemens royalistes se manifestent sur d'autres points de la Péninsule.

fort annonce la nouvelle de l'entrée de don Car- los en Espagne :

« C'est un évènement grave, immense, que le départ de don Carlos pour l'Espagne. Nous avons osé blâmer sa conduite quand il a semblé trop tôt désespérer de la fortune; par cette liberté du blâme, nous avons acquis le droit de le louer sans flatterie aujourd'hui. Don Carlos a compris son evoir : honneur à lui !

« Si l'évènement a frappé les esprits, ses conséquences peuvent avoir un effet plus grand encore. Attendons l'avenir. » (*Journal des Débats.*) (1)

———

Bayonne, 19 juillet.

« On dit que don Carlos a nommé M. Castillo, ex-consul général à Londres, ambassadeur en Russie ; M. le comte de La Alcudia à Vienne ; M. le chevalier de Los Rios à Berlin ; M. Alava

---

(1) Le *Journal des Débats* n'a cité que quelques lignes de l'article fort étendu du *Journal de Francfort*. Ne serait-ce pas parce que ces mots : « Attendons l'avenir, » sont suivis de ceux-ci : « Mais faisons remarquer pourtant qu'il « y a quinze jours le *Journal des Débats* disait : Le traité « de la quadruple alliance a pacifié tout d'un coup l'Espa- « gne et le Portugal ? »

de Toledo à Naples; M. de Navia à Turin, et M. le marquis de Labrador à Rome.

« Le décret déclarant criminels de haute-trahison les ministres qui firent proclamer Isabelle II, le 29 septembre 1833, en abusant des pouvoirs qu'ils exerçaient à la mort de Ferdinand, a été solennellement publié; ce sont MM. Zea Bermudez, comte d'Ofalia, général Cruz, don Antonio Martinez, et don Gualberto Gonzalès. Ce décret porte aussi confiscation de leurs biens et déchéance de leurs titres et honneurs.

« Il paraît que don Carlos se propose de convoquer les cortès par *estamentos*. Le décret à ce sujet paraîtra sous peu; il accorde une amnistie générale pour le passé, et par un décret spécial il fixe la liste civile pour son règne à 30 millions de réaux, attendu, dit le décret, les circonstances et la pénurie du trésor. » (*Journal des Débats,* d'après le *Mémorial bordelais.*)

———

On lit dans l'*Indicateur bordelais,* du 20 juillet:

« Des ordres sont arrivés à Bayonne, au directeur des douanes, pour s'opposer au passage

en Espagne de tous les objets d'équipement militaire pour le compte des révoltés.

« Avant-hier, quatre réfugiés carlistes, qu'on
dit négocians, sont arrivés à Bordeaux, escortés
par la gendarmerie, et ont été mis à la disposition du préfet de la Gironde. » (*Journal des
Débats.*)

M. Delpech, banquier, dont on avait annoncé
l'arrestation par suite de relations qu'on lui sup-
posait avec M. Jauge dans l'affaire de l'emprunt
de don Carlos, vient d'être mis en liberté. (*Journal des Débats.*)

Don Carlos est toujours retiré dans les montagnes, évitant à tout prix de descendre dans la
plaine, où le général Rodil veut l'attirer.

On n'a encore la nouvelle d'aucun engagement. (*Journal de Paris.*)

On a reçu aujourd'hui (24) des lettres du
général Rodil, dans lesquelles il annonce que
toutes ses dispositions sont bien prises, et té-

moigne la plus entière confiance dans le succès.
(*Journal de Paris.*)

———

Un courrier parti de Madrid le 18 a annoncé, en passant à Oléron, que plusieurs moines, soupçonnés d'avoir empoisonné les eaux, avaient été égorgés par la garde urbaine.

La troupe de ligne faisait tous ses efforts pour empêcher ces massacres, dont on n'a vu que trop d'exemples, même en France, à l'époque de l'invasion du choléra.

Au surplus, les nouvelles de Madrid sont fort contradictoires sur les progrès du choléra. Ce qu'il y a de certain, c'est qu'un grand nombre de familles a quitté cette capitale, et qu'une terreur panique a saisi presque toute la Castille ; mais on prétend que la seule maladie régnante à Madrid et aux environs est une colique bilieuse qui s'y montre souvent dans cette saison. Il y a de plus, dans un hôpital, un typhus assez pernicieux, mais qui ne ressemble nullement au choléra.

La correspondance de Valence ne signale également aucun progrès du choléra.

L'infant don Sébastien, sa famille et sa suite, qui s'étaient arrêtés au Labyrinthe, maison de

campagne du marquis de Llupia, sont entrés le ^{1834.}
14 à Barcelonne, au bruit du canon. (*Journal de Paris.*)

———

Maintenant encore il est dans la Navarre des personnes dignes de confiance, qui refusent de croire à la présence de don Carlos parmi les insurgés. Elles savent bien qu'il existe à leur tête un personnage à qui l'on rend les mêmes honneurs qu'à un souverain; mais elles prétendent tenir de gens dignes de foi, qui ont vu ce personnage, l'assurance positive que ce n'est pas don Carlos.

Cette opinion n'est pas la nôtre. Nous avons déjà déclaré, au contraire, que nous regardions la présence de don Carlos au milieu des siens comme certaine; mais l'incrédulité dont nous parle notre correspondance est, nous assure-t-on, trop accréditée en Navarre pour ne pas mériter au moins d'être constatée. (*Journal de Paris.*)

———

Madrid, 13 juillet.

Les bandes carlistes ou soi-disant telles, qui avaient presque entièrement disparu de la Vieille-

1834.
Juillet 25. Castille, se sont remontrées après le passage du
général Rodil. Il faut espérer que l'expédition
confiée à ce général sera de courte durée, et que
le gouvernement pourra alors disposer de quelque force pour purger l'Espagne de ces ban-
dits. (*Journal des Débats.*)

———

On lit dans l'*Indicateur bordelais* du 21
juillet :

« Nous étions bien informés en disant, dans
notre feuille d'hier, que le directeur des douanes
de Bayonne avait reçu des ordres pour interdire
tout transport d'armes et de munitions aux insurgés espagnols. Ces mêmes ordres viennent
d'être transmis au général Harispe, qui vient,
dit-on, de faire prendre aux troupes sous son
commandement des positions plus rapprochées
de l'extrême frontière. Malgré ces mesures de
prudence et de surveillance, nous sommes certains que des effets militaires ne cessent de parvenir de France en Espagne. Le 18, on a saisi
à Espeleta quatre-vingts paquets de cartouches
qu'une femme cherchait à passer dans un pa-
nier. Le 19, quatre-vingts hommes du parti insurgé se sont présentés aux environs de Sare
pour protéger un convoi de trente chevaux tout

harnachés qu'on envoyait à Charles V, à Elisondo. Le convoi a passé ; il a été même escorté
par l'adjoint de ce village. Sur un autre point de
la frontière française, cent individus ont cher-
ché, le 18, à deux heures de la nuit, à intro-
duire en Espagne une très-grande quantité de
fusils : surpris par deux douaniers, ils ont d'a-
bord jeté une partie de leur charge sur la route
et dans les fossés, après avoir tiré sur les employés cinq ou six coups de fusil, auxquels ceux-
ci répondirent ; mais bientôt, voyant qu'ils n'a-
vaient affaire qu'à deux hommes, ils relevèrent
les armes dont ils s'étaient débarrassés, et la li-
vraison en fut faite aux partisans de la révolte.

« Nous espérons que les nouvelles mesures ordonnées et prises par le général Harispe met-
tront fin à un pareil ordre de choses, d'autant
plus facilement que des envois de troupes sont
ordonnés. »

— On écrit de Bayonne, 20 juillet 1834 :

« On dit que don Carlos, dans le but d'embarrasser le gouvernement de la reine, se propose de faire immédiatement les nominations à
tous les archevêchés et évêchés vacans ; et c'est
pour ce motif que le marquis de Labrador a été
nommé par le prétendant ambassadeur à Rome.
La confirmation par la cour de Rome, des pré-

1834.
Juillet 25. lats nommés par don Carlos, serait un coup mortel pour la royauté anti-salique, sous le rapport du prestige moral et religieux.

« Nous savons de bonne source que vingt-cinq à trente mille fusils ont été demandés en France et en Angleterre pour don Carlos; ici on est en marché pour quelques pièces de canon destinées au prétendant.

« Tout ce qu'il y avait de fusils dans notre ville a été acheté pour don Carlos. » (*Journal des Débats.*)

———

Juillet 26. Une dépêche télégraphique de Bayonne, en date du 23, contient ce qui suit:

« On écrit de Madrid que la régente se rendra de sa personne à l'ouverture des cortès.

« On écrit de Navarre que don Carlos et Zumala-Carréguy *sont cernés dans la Borunda* par les troupes de Rodil, et qu'une affaire générale paraît inévitable. » (*Journal de Paris.*)

———

Une dépêche de Madrid, en date du 18, confirme les nouvelles que nous avons données hier en partie; en voici le contenu:

« Saint-Ildefonse, le 18 juillet.

« La tranquillité a été troublée gravement à
Madrid hier et aujourd'hui. Le choléra ayant
éclaté avec une extrême violence, le 16 la population s'est persuadée que les fontaines publiques avaient été empoisonnées, et a imputé aux
moines ce crime imaginaire. Trois couvens ont
été forcés et pillés, plusieurs religieux massacrés. Aujourd'hui, le couvent de Notre-Dame
d'Atocha a été attaqué; mais la force armée a
repoussé les assaillans, et la tranquillité est rétablie en ce moment. »

« Madrid, le 19.

« La tranquillité continue à régner; les autorités ont pris les mesures nécessaires pour empêcher le retour des désordres. » (*Journal de
Paris.*)

———

Le gouvernement a reçu ce soir (25) la dépêche télégraphique suivante :

DÉPÊCHE TÉLÉGRAPHIQUE.

Bayonne, 24 juillet 1834.

« Rodil a fait occuper Oñate, Salvatierra, Segura et Atagna.

« Zumala-Carréguy s'est replié sur Alzazua.

« Don Carlos paraît avoir quitté le quartier-
général; il a dîné le 21 près de Pampelune, et
on dit qu'il est à Elisondo ou à Val-Carlos.

« Un aide-de-camp de Rodil, qui a quitté ce
général le 20 à Estella, est ici avec des dépêches
pour le général Harispe..... » (*Interrompue par
la nuit.*) (Journal des Débats.)

————

Voici les nouvelles de la Navarre que donne
ce soir la *Gazette de France :*

« Des lettres que nous recevons des environs
de Pampelune, en date du 17, annoncent que
les troupes royales se sont plusieurs fois appro-
chées de cette place, mais que Rodil n'est pas
sorti de ses retranchemens, et on attribue son
immobilité à la crainte de voir ses soldats se dé-
bander pour rejoindre don Carlos. Des copies
des décrets de Charles V ont été transmises à ce

général, ainsi qu'aux autres commandans des
places fortes, avec injonction de prêter serment de fidélité à leur souverain légitime. Cette marche sera suivie pour toutes les places fortes et citadelles du royaume. Le message destiné à la reine lui sera transmis par la voie de son ministre d'Etat, ce qui paraîtra sans doute fort singulier à l'un et à l'autre.

« Par un décret du 16, don Carlos a établi une junte non seulement centrale, mais aussi consultative pour toutes les affaires d'Etat; elle sera présidée par le roi. Elle est composée de la manière suivante : le comte de Villemur, le marquis de Valdespina, le lieutenant-général Thomas Zumala-Carréguy, le général Eraso, le général Veranga, don Juan Etcheverria, ancien président de la junte de Navarre, et don Juan-Chrisostomo Vidadando, ancien membre de la même junte. » (*Journal des Débats.*)

———

L'*Indicateur de Bordeaux*, du 23, nous arrive par voie particulière; nous y lisons :

« Nous sommes absolument, aujourd'hui, sans nouvelles de la frontière; il paraît, toutefois, d'après la seule lettre que nous ayons reçue, que la présence du prétendant n'a produit aucun effet

5

sérieux, soit dans la Navarre, soit dans les autres
provinces insurgées. Rodil est toujours, comme
nous l'avons dit, à Puente-de-la-Reina, Estella et
dans les environs; il a avec lui l'évêque de Pampelune, et prend d'ailleurs des mesures très-éner-
giques pour empêcher que la faction soit pour-
vue de vivres, en imposant des peines sévères
aux habitans qui pourraient lui en fournir. Les
troupes qui accompagnent le prince, ou *celui*
qui le représente, car bien des personnes dou-
tent encore que don Carlos ait pu se décider à
avoir du courage; ces troupes, disons-nous, au
nombre de 5,000, occupent les montagnes près
d'Estella, et ne paraissent point pressées d'engager une action avec les soldats de la reine.

« Le bruit d'un mouvement insurrectionnel
à Madrid, et, comme on le disait hier à Bordeaux,
dans le sens *républicain,* ne mérite aucune ré-
futation : on s'y occupait de l'ouverture des cortès, et la capitale était tranquille. »

La correspondance de Bayonne confirme, dans
une lettre du 20, ce que dit l'*Indicateur* de la
position des deux chefs en Navarre; on consi-
dère la résolution de Rodil de s'être fait accom-
pagner de l'évêque de Pampelune, comme un coup
hardi. Le courage de don Carlos paraît fort sou-
tenu par la présence de son compagnon de

voyage, le colonel Saint-Sylvain, qui ne le quitte pas. **1834. Juillet 26.**

Nous apprenons par la même correspondance que les troupes françaises s'échelonnent tout le long de la frontière; mais jusqu'à présent cela ne paraît être que par mesure de précaution.

A Saint-Sébastien, après avoir chassé tous les moines dominicains, on a promené un mannequin représentant don Carlos, et on l'a brûlé ensuite. (*Journal des Débats.*)

On a reçu aujourd'hui (26) par l'ambassade, **Juillet 27.** de nombreux détails sur les tristes évènemens qui se sont passés à Madrid le 18 juillet, par suite de l'invasion du choléra.

L'heure avancée ne nous permet pas d'en donner des extraits. Au moment du départ du courrier, la nouvelle de l'entrée de don Carlos en Espagne ne faisait que d'arriver à Madrid. (*Journal de Paris.*)

Le gouvernement a reçu dans la journée (du 26) la fin de la dépêche télégraphique dont la transmission avait été interrompue hier par la

nuit. Elle ne fait que mentionner un bruit fort ac-
crédité en Navarre, et dont nous avons déjà parlé;
c'est-à-dire que beaucoup d'habitans du pays
s'obstinent encore à douter de la présence réelle
de don Carlos en Espagne, se fondant sur ce que
le personnage se montre fort peu.

Aucune autre nouvelle du théâtre de la guerre.
(*Journal de Paris.*)

Les lettres de Madrid, du 19 juillet, contien-
nent le triste récit des scènes de désordre qui
ont ensanglanté la capitale dans les premiers
jours de l'invasion du choléra.

La maladie a éclaté avec une horrible intensité : du 15 au 18, le nombre des victimes dé-
passait presque la proportion ordinaire des ravages
de ce fléau dans les capitales qu'il a déjà frap-
pées. Le 19, la maladie commençait à perdre de
sa violence.

Les bruits d'empoisonnement, répandus dans
le peuple, et peut-être de sinistres projets, fondés sur les dispositions superstitieuses, ont bientôt excité une fermentation générale.

Plusieurs couvens, ceux de Saint-Isidore, de
Saint-Thomas et de Saint-Francisco ont été atta-

qués à force ouverte. Des moines ont été impi-
toyablement massacrés.

La milice urbaine et la troupe de ligne sont arrivées trop tard pour protéger les victimes. L'opinion publique accusait de faiblesse les autorités civiles et militaires.

Le 19, la tranquillité était rétablie. (*Journal des Débats.*)

Le gouvernement à reçu ce soir (26) les nouvelles suivantes, arrivées de Madrid à Bayonne par courrier, et de Bayonne à Paris par le télégraphe :

« Madrid, 22 juillet.

« A la suite des évènemens du 17, les autorités civiles et militaires de Madrid ont été changées. La tranquillité est entièrement rétablie.

« Le premier secrétaire d'Etat est arrivé le 19 au soir de Saint-Ildefonse. La reine est attendue le 24; elle ouvrira les cortès en personne. La junte préparatoire des procuradorès a eu lieu le 20 : soixante-dix députés étaient présens. Celle des procérès a eu lieu le 21. Un très-bon esprit s'est manifesté dans l'une et dans l'autre.

1834.
Juillet 27.

« Le choléra continue, mais paraît cependant diminuer de malignité.

« La nouvelle de la réorganisation du ministère anglais, répandue partout ici ce matin, produit un bon effet, par ce qu'elle n'apporte aucun changement dans le système général de la politique anglaise. » (*Journal des Débats.*)

EXTRAITS DES JOURNAUX DU MIDI.

« On a parlé de nombreuses désertions en faveur de don Carlos; d'après les renseignemens qui nous parviennent, elles se réduisent à une trentaine de cavaliers appartenant à des corps détachés.

« Quant à don Carlos, après avoir traversé la Borunda, ses troupes, et celles de la reine, se trouvent en présence à Salinas de Oro, et l'on s'attend à une affaire générale. *Les paysans fanatiques se soulèvent en masse pour le prétendant; les fusils seuls leur manquent.* » (*Sentinelle des Pyrénées.*)

Le *Mémorial bordelais* du 23 juillet contient les faits suivans:

« On nous écrit de Bayonne, le 22 juillet 1834:

« Rodil vient d'imposer 25,000 piastres au
chapitre de Pampelune. Ce général fait fortifier certains points qu'il occupe maintenant, afin de pouvoir les quitter sans avoir à craindre que les carlistes s'en emparent pendant l'absence de son armée, qui va se mettre en marche pour les poursuivre avec 16,000 hommes d'infanterie, 1,600 chevaux et sept pièces d'artillerie. Il paraît que ce général a combiné son plan d'attaque, et qu'au lieu de chercher à refouler les carlistes sur la France, il va, au contraire, les obliger à passer l'Ebre, et que par suite de ce mouvement stratégique, *pas un seul des factieux ne pourra échapper.* Les troupes de la reine occupent toujours Puente-de-la-Reina, Estella et leurs environs. Le gros des carlistes est à Piedra-Millera; c'est-à-dire à environ deux lieues des troupes de la reine. On ne doute pas que dans deux ou trois jours les deux partis n'en viennent aux mains, mais on ne peut prévoir quel sera le résultat du premier choc. On sait que Rodil a de bonnes troupes bien exercées; *mais la faction est animée d'un enthousiasme indicible, et il est probable que ses partisans, électrisés par la présence de don Carlos, se jetteront sur l'ennemi comme des furieux, et que la seule arme qu'ils emploieront sera la*

baïonnette, qui sera terrible entre leurs mains.
Toutefois, il est à croire que les armes de la
reine sortiront victorieuses de cette nouvelle
lutte.

« Le 5ᵉ bataillon carliste est à Ulzama ; quatre-
vingts hommes chargés de fusils ont pénétré en
Espagne ; nos douaniers ne se trouvaient pas en
force sur le point qu'ils ont traversé pour pouvoir s'y opposer.

« Cuevillas, qui avait déjà essuyé deux échecs,
vient d'en essuyer un troisième à Murillo, dans
la Navarre, où il s'était jeté ; ce chef rebelle a
été rejoindre le gros de ⬤ faction avec quelques
cavaliers.

« Le général Mina doit partir de Londres le
25 ou le 26. Nous savons que la milice urbaine
de Sarragosse a réclamé du capitaine-général
d'aller à la rencontre de ce général et de le ra-
mener en triomphe dans la ville. » (*Journal
des Débats.*)

Il est arrivé aujourd'hui (27) des dépêches
télégraphiques de Bayonne.

Un courrier parti de Madrid le 22, avait annoncé la fin des troubles survenus dans cette ca-

pitale et le rétablissement de la tranquillité publique. La mortalité avait beaucoup diminué ; la reine était attendue pour présider, le 24, à l'ouverture des cortès.

Le général Harispe a reçu des nouvelles du général Rodil ; celui-ci écrit d'Estella, le 20, qu'il est prêt à entrer en action. On s'attendait généralement à un engagement sérieux pour le 22 ou le 23.

Don Carlos est toujours séparé de Zumala-Carréguy, et se tient en arrière du théâtre des évènemens. Il se montre si peu, que le doute sur sa présence s'est répandu jusque dans l'armée de Zumala-Carréguy, qui a fait fusiller quatre soldats pour avoir exprimé ce doute. (*Journal de Paris.*)

Le gouvernement a reçu ce soir (27), à la chute du jour, la dépêche télégraphique suivante (1) :

(1) Par une heureuse coïncidence, cette excellente dépêche, amplification de celle publiée le 26, est arrivée à **Paris** précisément assez à temps pour être insérée au *Moniteur* du 28 juillet, jour de la grande revue de la garde nationale. On s'est rappelé la grande victoire des Polonais de 1831.

Bayonne, 26 juillet.

« On reçoit des lettres de Pampelune du 24 ;
les insurgés étaient *acculés*, le 23 au soir, dans
la Borunda, vers Huarte-Araquil, *et cernés de
tous côtés par quatre colonnes*. Espartero et
Jauréguy *leur ferment* le chemin des provinces.

« Don Carlos est à Elisondo.

« Rodil a donné des ordres pour marcher en
avant. L'esprit des troupes est excellent..... » (Interrompue par la nuit.) (*Moniteur*.)

———

Juillet 29. Aucune nouvelle aujourd'hui (28) du théâtre
de la guerre en Espagne.

La suite de la dépêche télégraphique, interrompue hier par la nuit, *ne contient rien qui
ne soit déjà connu à Paris*. (Journal de Paris.)

———

Madrid, 17 juillet.

Pendant qu'on se prépare des deux côtés,
dans les provinces basques et en Navarre, à l'attaque et à la résistance, Mérino et d'autres
chefs reparaissent en Castille et dans le Bas-

Aragon ; sur ce dernier point, à Molina, Cue-villas a été complètement battu par le colonel Albain, dit le Manço ; mais, par une fâcheuse compensation, Mérino a surpris, du côté de Lerma, un détachement de vingt-cinq cavaliers qui escortaient un transport de six cent dix fusils qu'on envoyait de Saint-Ander ; *l'escorte a été taillée en pièces et les fusils enlevés.* (Journal des Débats.)

———

Toutes les nouvelles parvenues depuis quelques jours de la Navarre se sont successivement confirmées les unes par les autres. Les dépêches étaient succinctes, obscures par le manque de détails, tandis que les correspondans venaient augmenter la confusion par un excès de détails mêlés de conjectures ; mais au fond tout se trouve exact. Le public n'a pas été induit en erreur, et les circonstances importantes sont aujourd'hui démontrées vraies par l'ensemble, la suite et la concordance de tous les renseignemens.

Ainsi, *il n'y a plus à douter* que l'armée de don Carlos a échoué dans ses projets sur Pampelune et Vittoria, *et qu'elle est cernée ou paralysée* dans le pays de la Borunda, c'est-à-dire dans un territoire comprenant les montagnes d'Aralar et celles d'Andia, entre Pampelune et Salvatierra à l'est et à l'ouest, Segura au nord et Estella au midi.....

Toutefois il sera difficile, dans un pays comme celui-là, de cerner complètement les carlistes, de.manière à leur fermer toute issue ou les forcer de se battre dans une position désavantageuse, et de les réduire à mettre bas les armes dans l'impossibilité d'échapper. La chaîne d'Aralar, qui règne au nord de la Borunda et de Pampelune, est une des plus hautes des Pyrénées. Les troupes de Zumala-Carréguy ont l'habitude de parcourir des lieux hérissés d'obstacles, où les sentiers ne sont pas même praticables pour les mulets..... (*Journal des Débats.*)

———

La correspondance de *la Guyenne*, feuille carliste de Bordeaux, contient ce qui suit:

« Bayonne, 22 juillet 1834.

« Rodil a fait conduire l'évêque de Pampelune à son quartier-général, comme prisonnier; nous verrons comment le frère de l'évêque, qui est gouverneur de Jaca, prendra cette nouvelle. »

On lit dans l'*Indicateur de Bordeaux* du 1834.
Juillet 29. 26 juillet :

« Pour forcer don Carlos à accepter le combat, le but de Rodil est de le priver de vivres ; des ordres sévères ont été donnés à cet effet : on annonce même qu'un malheureux muletier, surpris conduisant du vin aux insurgés, a été fusillé. Sur la frontière, les mêmes ordres existent ; et les cantonnemiens français sont tellement rapprochés, qu'il va devenir très-difficile de faire parvenir à la faction, soit des vivres, soit des armes.

« Par la voie de mer, un blocus anglais ne va pas tarder à être établi, et déjà le gouverneur de Saint-Sébastien vient d'apprendre au gouvernement français qu'il avait reçu l'avis que douze bâtimens anglais allaient croiser sur les côtes pour empêcher les secours que l'aristocratie pourrait adresser à don Carlos, ou à ceux des chefs qui commandent en son nom.

« Le bruit courait hier matin que l'armée d'observation allait être changée en *cordon sanitaire*. Cette mesure, qui aurait eu pour but d'empêcher surtout la contrebande qui se fait impunément pour le compte des carlistes, n'a pas été prise ; seulement les mesures les plus sévères viennent d'être ordonnées : on mettra en qua-

rantaine toutes les bandes qui pourraient chercher un refuge sur le territoire français, avant
de les envoyer dans l'intérieur. Il est moins que
jamais question d'intervention à main armée. »

« Bayonne, le 24 juillet.

« Nous venons d'apprendre l'arrivée, hier soir,
d'un officier supérieur de l'état-major du général
Rodil. Il avait quitté Pampelune le 20, et a as-
suré que l'on n'avait aucune crainte pour un
coup de main sur cette place, tant par suite du
bon esprit de la garnison que par le dévouement
du chef qui la commande.

« Il ajoute que l'armée avait appris avec mé-
pris plutôt qu'avec colère la folle entreprise de
don Carlos ou *de l'homme chargé de le représenter* en Navarre.

« L'officier en question était porteur de dépêches pour l'ambassadeur d'Espagne et le général
Harispe, de la part du général Rodil. » (*Journal
des Débats.*)

*Extraits de la correspondance de Bayonne,
du 24 juillet.*

« Le jeune enfant de Zumala-Carréguy, âgé

de quatorze mois, qui a été enlevé par les christinos avec sa nourrice, à Villaba, près de Pampelune, n'a point été massacré, comme le bruit
en avait couru. Il est gardé dans un hospice de
cette ville, pour servir d'otage au besoin.

« Les douaniers et les détachemens français
font bonne garde à la frontière, pour empêcher
le passage des armes et des munitions.

« Une escadrille espagnole croise sur les côtes
de la Biscaye pour surveiller et visiter tous les
navires qui s'en approcheraient pour débarquer
des objets de guerre. On prétend que le gouverneur de Saint-Sébastien a reçu avis officiel de la
prochaine arrivée de plusieurs bâtimens de
guerre anglais, qui viendraient en station dans
ces parages pour le même but.

« Un décret royal rendu par don Carlos,
le 18 juillet, à Salinas de Oro, déclare en état
de blocus tous les lieux occupés par les ennemis
de sa cause (1).

« Rodil *avait précédemment publié,* à Puente-
la-Reina, le 13, une ordonnance défendant l'ex-
portation des vins et comestibles dans les pays
insurgés, sous peine pour les contrevenans *d'être
jugés par un conseil de guerre, comme portant*

(1) *Voir* aux *Pièces justificatives.*

1834.
Juillet 29. *secours à l'ennemi.* Le territoire soumis au blocus est celui qui se trouve au-delà de la grande
route de Viana à Pampelune, et de cette ville à
Lumbier. » (*Journal des Débats.*)

Juillet 30. Le gouvernement a reçu ce matin (29) une
dépêche télégraphique de Bayonne, datée du 28 ;
elle est ainsi conçue :

« Don Carlos est arrivé hier à Lezaca, près
de notre frontière.

« Zavala, avec les Biscayens, est vers Oyarzun ;
Jauréguy marche sur lui.

« Rodil est dans la Borunda, et *cherche à enfermer* Zumala-Carréguy, qui est vers Lecum-
berry (1).

« Il y aura demain peut-être quelques résultats ; mais rien encore. » (*Journal de Paris.*)

Une seconde dépêche datée de Madrid, 24
juillet, cinq heures du soir, annonce que la régente a ouvert en personne les cortès à une heure
après midi, et que Madrid est parfaitement tranquille. (*Journal de Paris.*)

(1) On se demande comment il se fait que Rodil *cherche à enfermer* Zumala-Carréguy, déjà *acculé* et *cerné de
tous côtés,* selon les dépêches du 26 et du 28 ?

Nous avons reçu des lettres et des journaux de Madrid, du 23.

Depuis les déplorables évènemens du 17, la tranquillité publique n'avait pas été troublée dans la capitale. Des mesures de répression avaient enfin été ordonnées par le gouvernement, et l'immense majorité de la population manifestait, par tous les moyens possibles, l'horreur que lui inspiraient ces scènes de désordre et de meurtre.

Toutes les autorités qu'on a pu accuser de mollesse ou de lenteur dans la répression ont été changées. Les officiers de la garde urbaine ont adressé une protestation de dévouement à la reine, et réclamé l'expulsion de leurs rangs du petit nombre d'agitateurs soupçonnés d'avoir pris part au désordre.

Les premières réunions des juntes préparatoires des deux Chambres ont révélé une harmonie parfaite de vues et de sentimens entre le pouvoir législatif et le gouvernement.

On ne connaissait encore que vaguement à Madrid, le 23, la rentrée de don Carlos sur le territoire espagnol. Quoique le bruit qui en courait dès le 21 eût pris quelque consistance, beaucoup de gens voulaient encore en douter. Du reste, il n'avait produit qu'une assez faible sensation.

Le choléra continuait ses ravages; cependant la maladie paraissait avoir atteint sa période décroissante. (*Journal des Débats.*)

———

Voici l'extrait des gazettes de Madrid, du 20 au 30 juillet:

La *Gazette* du 20 fait mention, pour la première fois, de l'arrivée de don Carlos, dans l'article suivant, extrait du *Boletin de Alava:*

« Vittoria, 14 juillet.

« Hier soir sont arrivés à Oñate le marquis de Valdespina, Batiz, et dix-huit autres individus attachés à la junte rebelle de Biscaye; on prétend que Zavala était aussi avec eux. Ils se dirigeaient vers la Navarre, probablement pour demander des secours à Zumala-Carréguy, pour relever la faction épuisée de la Biscaye.

« Ils ont répandu sur leur passage qu'ils allaient présenter leurs hommages à don Carlos, arrivé à Elisondo. A cette occasion, toutes les cloches ont été mises en branle, et il y eut des

danses et des feux de joie. Les mêmes réjouis-
sances ont eu lieu dans beaucoup d'autres villages de la Navarre.

« *Toute cette fantasmagorie se dissipera
comme une ombre à l'éclat de nos armes.* »

Le commandant d'armes de Soria écrit, à la
date du 14, que la bande de Cuevillas et de Ba-
silio, réduite de cinq cent cinquante hommes à
quatre-vingt-dix, par suite des échecs qu'il lui a
fait éprouver, s'est enfuie jusque sur la rive
gauche de l'Ebre, qu'elle a traversé au gué de
Banuel.

Don Feliciano Cuesta, chef de bande, a été
pris le 12 avec son frère et le reste des siens,
du côté de Badajoz, sur la frontière de Portugal.

On voit partout des volontaires de la milice
urbaine se joindre aux troupes de ligne pour
marcher contre les bandes rebelles. (*Journal
des Débats.*)

Aucune nouvelle aujourd'hui (30) du théâtre
de la guerre en Espagne, si ce n'est une lettre
de Rodil, du 21, dans laquelle il annonce qu'il
compte plus que jamais sur le bon résultat de
ses dispositions. (*Journal de Paris.*)

1834.
Juillet 31.

On n'a pas aujourd'hui de nouvelles de la Navarre, où tout se réduit encore à un ensemble de marches et de mouvemens combinés dont il faut attendre le dénoucment.

Mais nous apprenons que des bandes se forment dans la Haute-Catalogne, du côté d'Olot; que des réfugiés carlistes, échappés des dépôts de France, les commandent; que d'autres réfugiés sont entrés en Espagne par la vallée d'Andorre, du côté de la Seu-d'Urgel; que dans le district de Lérida, à Arbeca, les factieux ont tenté de soulever le pays; et qu'enfin, dans l'arrondissement de Tortose, sur l'Ebre, *il existe un corps de révoltés* contre lesquels le capitaine-général de la Catalogne fait marcher *un général avec une brigade.*

Voici la substance des détails fournis sur ce sujet *par des pièces officielles de Barcelonne* (1). (*Journal des Débats.*)

___

(1) Nous croyons inutile de rapporter ces détails, résumés d'ailleurs dans l'article qu'on vient de lire; il suffisait de constater les faits principaux, c'est-à-dire les mouvemens royalistes qui commençaient à se manifester en Catalogne, et leur importance.

On lit dans le *Mémorial des Pyrénées* du 26 juillet:

« Les armées de Rodil et de Zumala-Carréguy sont en présence depuis deux jours; on dirait qu'elles en sont à s'observer mutuellement, et que, sentant toute l'importance de la première action qui est à la veille d'avoir lieu, les deux généraux ne veulent négliger aucunes chances pour se ménager la victoire.

« L'esprit de parti ne manque pas de mettre à profit cet instant de repos. Suivant les uns, la défection s'est mise parmi les troupes de la reine; et le prétendant, porté en triomphe sur les bras des Navarrais, voit chaque jour augmenter le nombre de ses partisans : d'autres soutiennent, au contraire, que l'hésitation de don Carlos témoigne déjà que sa cause est perdue sans ressource; ils en voient la preuve la plus évidente dans le retour inopiné de ce prince, qui, au lieu de continuer de se porter en avant, est venu rejoindre la junte à Elisondo *pour négocier*. Nous croyons qu'il y a exagération dans tous ces récits : ce n'est pas plus par des défections que par des négociations qu'on doit s'attendre à voir terminer cette grande querelle; c'est au sort des armes à en décider. Pour qui connaît bien le caractère espagnol, on ne saurait prévoir un autre dénouement.

« Des convois d'armes, destinés aux insurgés, sont arrêtés journellement à la frontière. Jamais la surveillance ne s'était exercée avec une telle vigilance ; en voici une nouvelle preuve :

« Il y a deux jours qu'un individu déguisé en costume basque, et marchant avec un guide dans des chemins de traverse, fut arrêté par des douaniers près du pont d'Amots, au moment où il cherchait à passer en Espagne. Sommé de déclarer son nom et d'exhiber ses papiers, il dit être Anglais, s'appeler Henri Simmer, et présenta un passeport délivré à Londres le 19 juin dernier. Cet air de mystère, l'embarras de ses réponses ayant inspiré des soupçons, il a été décidé que cet individu serait conduit à Bayonne devant l'autorité pour être interrogé.

« Par une dépêche télégraphique, le ministre des finances vient de prescrire aux directeurs des douanes des départemens limitrophes des Pyrénées de s'entendre avec les chefs militaires, afin de susciter toutes sortes d'obstacles à l'introduction en Espagne d'armes, munitions, chevaux et matériel de guerre de toute espèce, ayant pour objet d'armer les ennemis de la reine. (*Journal des Débats.*)

Pièces

JUSTIFICATIVES ET OFFICIELLES.

JUILLET 1834.

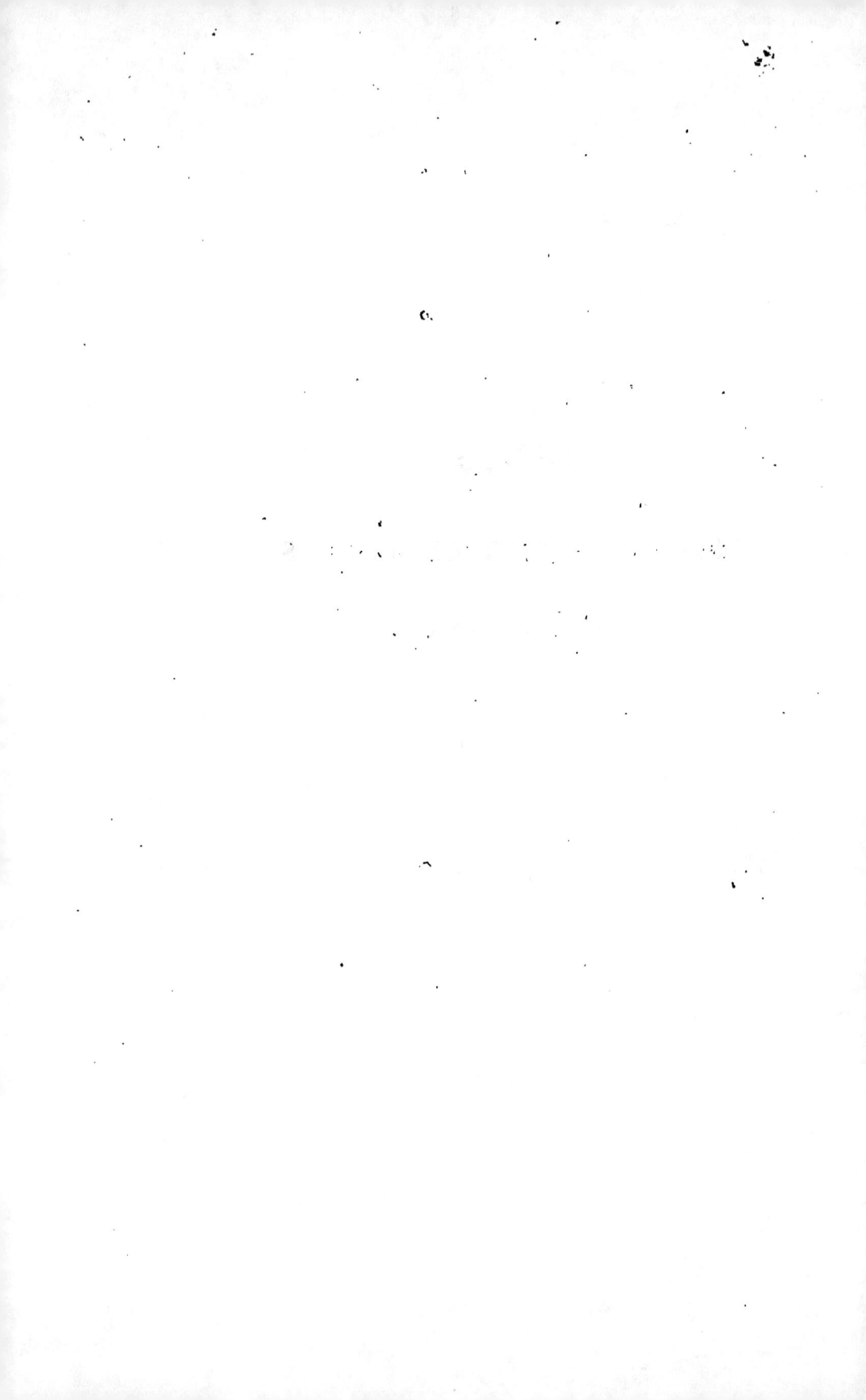

PIÈCES

JUSTIFICATIVES ET OFFICIELLES.

JUILLET 1834.

———————

N° I.

PROCLAMATION DU GÉNÉRAL RODIL.

Quartier-général de Mendavia, le 9 juillet 1834.

Navarrais, Guipuzcoans, Alavèses et Biscayens,

Nommé par l'auguste reine régente, vice-roi de Navarre, au nom de sa fille S. M. Isabelle II, et chargé du commandement en chef de l'armée du nord, je croirais manquer à ce que je dois au Dieu de nos pères, aux sentimens naturels de la reine régente, et à ce que je me dois à moi-même comme Espagnol et comme soldat, si, au moment de tirer l'épée pour la faire tomber inexorable sur ceux qui persévéreraient dans la rébellion, je ne leur adressais pas la voix pour les préserver, pendant qu'il en est temps encore, de la ruine et de l'extermination.

En peu de jours la campagne de Portugal a été terminée; don Miguel et don Carlos, chassés de la Péninsule, se rendent, chacun de son côté, dans des retraites éloignées de notre territoire; tous ceux qui suivaient en Portugal les drapeaux de l'usurpation sont soumis et désarmés.

Deux puissantes nations, la France et l'Angleterre, sont liées avec nous par un traité solennel, pour aider à la pacification des deux royaumes de la Péninsule, et pour concourir, au besoin, à l'expulsion de l'un et de l'autre prétendant.

Toutes les provinces de l'Espagne sont tranquilles et obéissantes, à l'exception de ce malheureux pays, qui continue à se ruiner par les désastres de la guerre civile. L'armée, chaque jour plus fidèle à sa reine légitime, redouble chaque jour de courage et d'enthousiasme. Les guerriers qui reviennent du Portugal, couronnés de gloire, et ceux qui, dans ces provinces, ont combattu avec tant de bravoure et de constance, se sont embrassés dans leurs camps comme des frères, et brûlent de marcher ensemble, animés de la noble émulation des braves.

Le gouvernement de Sa Majesté abonde en moyens et en ressources. Le parti de l'usurpation, chaque jour plus affaibli, plus épuisé, en est aux derniers efforts de l'agonie.

Tel est le tableau que vous devez avoir sous les yeux si vous avez encore quelque souci, je ne dirai pas de la vie, tout Espagnol sait la mépriser, mais de vos familles, de vos enfans, de ce sol qui vous a vus naître, que vous vous

vantez de tant chérir, et que vous désolez comme pourraient le faire ses plus cruels ennemis.

Si je manquais de forces pour rétablir l'autorité de
S. M. la reine, si vous n'étiez pas à même de voir par vos
propres yeux le nombre, la tenue martiale, l'ardeur des
soldats sous mes ordres, qui n'attendent que mon signal
pour confondre la rébellion, je n'aurais peut-être pas essayé de vous adresser des paroles de paix, dans la crainte
que vous n'y vissiez qu'une marque de faiblesse en l'insuffisance de moyens plus énergiques.

Mais je vous convie à la clémence au moment même où
se lève sur vous le bras du châtiment; je vous regarde
comme séduits, quand je pourrais vous traiter en coupa-
bles. Déjà vous êtes à bout de vos ressources; vous êtes
laissés à l'abandon par le même prince au nom duquel vous
répandez votre sang, et bientôt vous allez vous voir encore
abandonnés par ceux mêmes qui vous ont précipités dans
la lutte, et qui, peut-être en ce moment, s'apprêtent à se
réfugier sur la terre étrangère avec le fruit de leurs rapines,
tandis que vous resterez exposés à toutes les rigueurs des
lois. Hésiterez-vous donc à jeter vos armes aux pieds d'une
reine compatissante qui regarde la prérogative du pardon
comme le plus précieux attribut du trône!

J'offre en son nom royal, et en vertu des pleins pouvoirs
qu'elle m'a conférés, la vie sauve et l'assurance d'être
traités avec indulgence et bonté à tous ceux qui, dès à
présent, se sépareront des bandes rebelles.

Mais, pour que la piété clémente de la reine puisse être
appliquée aux hommes séduits, il est nécessaire, indispensa-
ble qu'ils donnent une preuve manifeste de leur bon vouloir, en s'empressant de quitter les rangs de la rébellion,

de livrer leurs armes ou de donner toute autre preuve quel.
conque de leur loyauté ou de la sincérité de leur repentir.

Quant aux factieux qui persisteraient avec obstination
dans leur criminelle entreprise, lorsqu'ils n'ont ni les
moyens de soutenir la guerre, ni forteresses pour leur
servir d'appui, ni alliés qui leur portent secours, ni pro-
tecteur qui intercède pour eux; si, en se voyant abandonnés, trompés, sans recours et sans espérance, ils refusent encore de se réfugier vers la clémence royale, unique
asile qui leur soit encore ouvert, ce sont eux qui resteront
responsables, devant Dieu et devant les hommes, du sang
qui va couler pour le châtiment de la révolte et pour le
rétablissement de l'autorité du trône et des lois.

Signé José Ramon de Rodil.

N° II.

PROCLAMATION DE DON CARLOS A L'ARMÉE.

Soldats!

Mes vœux sont accomplis, je suis avec vous! Il y a long-
temps que mon cœur désirait ce moment; vous connaissez
mes constans efforts pour l'atteindre. Mon cœur paternel
se plait à contempler avec effusion vos exploits, qui passe-
ront à la postérité la plus reculée.

Volontaires et soldats, vos souffrances, vos fatigues, votre constance, votre amour pour vos rois légitimes et pour

ma royale personne font l'admiration de toutes les nations, qui n'ont pas assez d'éloges pour un aussi héroïque dévoue-ment.

Marchons donc tous, et moi à votre tête, marchons à la victoire! Elle m'est toujours douloureuse, à cause du sang espagnol qu'elle coûte; je veux l'épargner, et c'est pour cela que j'engage à se réfugier sous mon manteau royal tous ceux qui ont été séduits ou trompés, et qui, dociles à ma voix, déposeront les armes. Mais si, contre mon attente, il s'en trouvait quelques-uns qui persistassent dans leur aveuglement, ils seraient traités comme rebelles à ma royale personne. Je serai aussi sévère pour ceux qui persé-véreront dans la rébellion que je serai indulgent pour ceux qui se repentiront.

Et vous, vaillans et fidèles guerriers, maintenant réunis autour de votre chef, de votre père, que la discipline la plus sévère règne parmi vous, obéissez avec exactitude à vos commandans. La force est dans la discipline et l'obéis-sance, et dans la force est la victoire que Dieu réserve à la justice.

Généraux, officiers, volontaires et soldats ▮▮ suis sensi-ble à vos immenses services, et votre roi sa▮▮ les récom-penser.

Moi, le Roi.

A ma résidence royale d'Elisondo, 12 juillet 1834.

Nᵒ III.

DÉCRET ROYAL.

Heureusement rendu aux bras de mes fidèles Espagnols,
et mon cœur royal étant bien informé des tristes et désas-
treuses occurrences auxquelles ont donné lieu les efforts de
quelques hommes pour soutenir les prétendus droits de ma
bien-aimée nièce dona Isabelle de Bourbon au trône au-
quel je suis appelé par la loi fondamentale de l'État; désirant, en outre, mettre un terme à une guerre funeste aux
intérêts publics comme aux fortunes privées de mes chers
vassaux, et mon cœur paternel ayant compassion de ceux
qui, par séduction, par faiblesse ou par ignorance, ont pris
les armes contre les vaillans défenseurs de mes droits légitimes; cédant aux sentimens qui remplissent mon cœur;
j'ai décrété les articles suivans :

Art. 1ᵉʳ. Sont amnistiés, sauf le droit des tiers, tous les
généraux, ███, officiers et soldats qui, dans le délai de
quinze jours pour la Navarre et la Biscaye, et d'un mois
pour le reste de la Péninsule, déposeraient les armes, et
reconnaissant mes légitimes droits, se présenteraient à moi
ou à quelqu'un des chefs qui défendent ma cause.

Art. 2. Les généraux, chefs et officiers qui se confor-
meront à l'article précédent, conserveront les emplois,
grades et décorations qu'ils auraient obtenus avant la mort
de mon auguste frère le roi don Ferdinand VII (que Dieu
ait son âme).

Art. 3. Les sous-officiers et soldats recevront leur congé absolu s'ils ne veulent pas rester à mon service pendant la présente guerre ; ceux qui voudront rester sous mes drapeaux, l'obtiendront aussitôt la guerre finie.

Art. 4. Les sergens et caporaux compris dans l'article précédent, qui resteront à mon service après la guerre actuelle, auront l'emploi immédiatement supérieur, et on comptera aux soldats quatre années de service de plus pour les récompenses et les retraites.

Art. 5. L'article 1er sera applicable à tous les chefs, officiers et soldats des corps et compagnies qui, sous les noms de tirailleurs d'Isabelle, chasseurs des montagnes, urbains, *peseteros*, etc., se sont formés pour soutenir par les armes la cause de l'usurpation.

Art. 6. Tout chef qui passera dans les rangs de mon armée, avec tout ou partie de la force sous ses ordres, aura droit à de nouvelles grâces de ma part pour ce service extraordinaire.

MOI, LE ROI.

Donné à Elisondo, le 12 juillet 1834.

N° IV.

NOUVELLE PUBLICATION DU DÉCRET ROYAL

DU 29 MAI 1834.

Sa Majesté ayant ordonné une nouvelle publication de son décret royal du 29 mai dernier, j'en adresse une copie à Votre Excellence, pour qu'elle veuille bien en ordonner l'insertion dans le bulletin.

Le comte de VILLEMUR.

Elisondo, le 12 juillet 1834.

A l'excellentissime Junte de Navarre.

COPIE DU DÉCRET ROYAL.

« Le roi notre seigneur a bien voulu m'adresser le décret royal suivant :

« Privé de la pacifique possession du trône espagnol par l'usurpation, je ne veux pas que dans ce moment mon silence puisse donner la plus petite ombre de valeur à ses actes. Je les déclare nuls et de nul effet, ainsi que les emprunts par elle contractés. Lorsque je serai assis pacifiquement sur mon trône, je saurai peser ceux qui auront été purement nécessaires pour la conservation de la société. Vous l'aurez pour entendu, et vous voudrez bien le faire publier.

« MOI, LE ROI.

« A Evora, le 29 mai 1834.

« *Contresigné* JOAQUIM,
évéque de Léon, secrétaire d'État »

Nº V.

ORDRE DU JOUR DU GÉNÉRAL ZAVALA.

ARMÉE ROYALE DU GUIPUZCOA, DE LA BISCAYE
ET DE LA CASTILLE-VIEILLE.

Quartier-général de Guernica, 12 juillet 1834.

Par lettre autographe du roi N. S. don Carlos V, datée d'Elisondo, le 10 du courant, Sa Majesté a daigné nous annoncer son heureux retour au milieu de ses bien-aimés sujets, et nous faire part des sentimens affectueux qui lui ont été inspirés par la fidélité et la constance avec lesquelles ils ont défendu ses droits sacrés au trône espagnol.

Votre Seigneurie publiera cette heureuse nouvelle dans la division qu'elle commande, pour la complète satisfaction des chefs, officiers et soldats qui la composent. Il faut qu'acquérant un nouveau degré d'enthousiasme pour la cause du meilleur des rois, tous redoublent de courage et de persévérance pour la défense de Sa Majesté, et que nous coopérions de toutes nos forces à lui aplanir le chemin du trône qu'il a hérité de ses ancêtres.

Le général en chef,

FERNANDO DE ZAVALA.

N° VI.

PROCLAMATION DE DON CARLOS

A LA NATION ESPAGNOLE.

Espagnols!

Quelle est ma joie en me retrouvant au milieu de vous, entouré des démonstrations les plus sincères de votre amour, après avoir épuisé jusqu'à la lie le calice amer de l'exil, grâce aux machinations iniques de ceux qui se sont montrés de tout temps les ennemis de Dieu et des trônes! Je viens accomplir les devoirs de la reconnaissance, animé du désir le plus vif de faire le bonheur de mes bien-aimés sujets. Je ne négligerai rien pour leur procurer les bienfaits de la paix, ainsi que les avantages d'un gouvernement à la fois énergique et paternel, aussitôt qu'avec le secours du Ciel, la valeur de mes fidèles soldats et l'appui des augustes monarques qui sympathisent avec mes malheurs, et qui m'offrent (*brindan*) leur coopération, j'aurai mis fin à une lutte désastreuse qui me remplit de douleur.

Espagnols! résolu de conquérir l'épée à la main ce qui m'appartient de droit, je veux auparavant épuiser toutes les ressources de ma clémence souveraine. Avec la même satisfaction que j'éprouverai à récompenser le mérite et la fidélité, je saurai oublier les erreurs passées, pourvu qu'un repentir sincère, accompagné d'une preuve positive d'attachement pour ma royale personne, m'assurent de la conduite future. Ma douceur naturelle et la loyauté de mon caractère sont les garanties que j'offre du religieux accomplissement de ma parole royale.

Espagnols! montrez-vous dociles à la voix de la raison et de la justice; soyez avares du sang espagnol, et, tenant en main l'olivier en place du laurier sanglant, courez promptement vers le terme des maux que je déplore et vers la jouissance du bonheur que je vous promets.

Au palais de Alsasua, le 15 juillet 1834.

N° VII.

DÉCRET ROYAL.

ARMÉE DU ROI CHARLES V, EN NAVARRE.

MINISTÈRE DE LA GUERRE.

Le roi N. S. a bien voulu m'adresser le présent décret:
« Pour hâter le terme de la guerre dévastatrice qui inonde de sang et de malheurs la nation espagnole, que Dieu m'a appelé à régir et gouverner, et désirant que les chefs militaires qui commandent les places, châteaux et forteresses de mes domaines, n'ajournent point les conséquences de mes intentions pacifiques et royales par des interprétations arbitraires et évasives, j'ai décrété ce qui suit:

« Art. 1er. Il sera expédié par mon secrétaire d'Etat, ministre de la guerre par intérim, comte de Villemur, les ordres les plus précis à tous les capitaines-généraux et gouverneurs de places, châteaux et forteresses de mes domaines, pour qu'à la première intimation, et dans le délai qui sera indiqué, ils se soumettent à l'obéissance et me présentent leur hommage de fidélité comme à leur roi et seigneur naturel.

« Art. 2. Le même secrétaire d'Etat mettra sous mes yeux, sans le plus petit retard, un état des places, châteaux et forteresses qui reconnaîtront mes droits souverains, et des chefs militaires qui se refuseront à prêter obéissance, ce qui, je l'espère, n'aura pas lieu, pour ordonner dans ce cas ce qui sera nécessaire.

« Signé et daté de la main du roi. Palais d'Eulate, 16 juillet 1834.

« Comte de Villemur, etc. »

Nº VIII.

DÉCRET ROYAL.

Ministère de la guerre. — Très-excellent seigneur, le roi N. S. a bien voulu m'adresser le décret royal suivant :

« Considérant les circonstances actuelles d'une guerre désastreuse à laquelle je désire mettre un terme, j'ai déclaré en état de blocus les places, châteaux, forts et autres points occupés par les ennemis de mes royaux et légitimes droits en Navarre et dans les trois provinces basques. Vous l'aurez pour entendu, et le communiquerez à qui de droit.

« Moi, le Roi. »

« A Salinas de Oro, le 18 juillet 1834. »

Communiqué par le comte de Villemur, ministre de la guerre, au chef d'état-major de l'armée royale.

N° IX.

PROCLAMATION

DU GÉNÉRAL ZUMALA-CARRÉGUY.

Art. 1er. Il est défendu de porter des grains, des fruits et toute espèce de comestibles dans les villes ou villages occupés par l'ennemi, tels que Pampelune, Saint-Sébastien, Puente-de-la-Reina, Estella, Los Arcos, Maestu, Salvatierra, Bilbao, Portugalete, Ordugna, Durango, Ochandiano, Vittoria, Bergara, Villafranca, Tolosa, Irun et Guetaria.

Art. 2. Tout individu qui fournira des rations aux troupes ennemies sera passé par les armes.

Art. 3. Toute personne, sans distinction de rang ou de sexe, qui serait arrêtée à une demi-lieue de distance desdites villes, et qui ne serait pas munie d'un passeport visé

par moi ou les commandans-généraux des provinces, sera passée par les armes.

· Les autorités répondent, sur leurs biens et sur leurs têtes, de l'exécution de ces ordres.

Thomas Zumala-Carréguy.

Salinas de Oro, 19 juillet 1834.

N° X.

ORDRE ROYAL

ADRESSÉ A LA JUNTE DE NAVARRE.

Excellence, le roi N. S. désirant terminer la lutte désastreuse qui afflige cette généreuse nation, et un des moyens pour y parvenir et le plus conforme aux *fueros* de ce royaume que S. M. veut améliorer, étant de procéder à une levée générale de jeunes gens qui n'attendent que le moment de se voir les armes à la main pour défendre sa royale personne et ses droits à la couronne d'Espagne, S. M. a résolu que dans le délai de deux jours, à compter du reçu du présent ordre, Votre Excellence dispose l'armement général : obligeant à cet effet tous les maires et députés à réunir dans ce même délai tous les jeunes gens non mariés, ainsi que les veufs sans enfans, depuis l'âge de dix-sept à quarante ans, en exceptant seulement ceux qui sont chefs de famille et ceux qui ont des empêchemens physiques; chargeant le chef de l'état - major - général de l'organisation de ce nouveau corps. Je communique cet ordre royal à Votre Excellence pour qu'il soit exécuté.

Dieu, etc.

Le comte DE VILLEMUR.

Eulate, 17 juillet 1834.

En conformité de ce que Sa Majesté ordonne à cette assemblée, elle vous transmet l'ordre qui précède, pour qu'à son reçu vous ayez à l'exécuter immédiatement, en appelant tous les jeunes gens depuis l'âge, etc., qui se trouvent à .....; et vous aurez à les présenter, sous votre responsabilité la plus sévère, à S. Exc. don Thomas Zumala-Carréguy, chef d'état-major-général, chargé de l'organisation de ce nouveau corps.

Dieu, etc.

Elisondo, 20 juillet 1834.

La royale junte de Navarre, et en son nom,

Signé Joachim Marichalar, marquis Luis Echevarria, Benito Dias del Rio.

Le secrétaire par intérim,

Juan Francisco OCHOA.

FIN.

www.ingramcontent.com/pod-product-compliance
Lightning Source LLC
Chambersburg PA
CBHW060616100426

42744CB00008B/1416